法律法规大字实用版系列

中华人民共和国行政处罚法

·大字实用版·

法律出版社法规中心 编

图书在版编目(CIP)数据

中华人民共和国行政处罚法：大字实用版／法律出版社法规中心编．－－北京：法律出版社，2023
（法律法规大字实用版系列）
ISBN 978-7-5197-7857-6

Ⅰ．①中… Ⅱ．①法… Ⅲ．①行政处罚法－中国 Ⅳ．①D922.11

中国国家版本馆 CIP 数据核字（2023）第 069165 号

中华人民共和国行政处罚法（大字实用版）
ZHONGHUA RENMIN GONGHEGUO
XINGZHENG CHUFAFA(DAZI SHIYONGBAN)

法律出版社法规中心 编

责任编辑 翁潇潇
装帧设计 汪奇峰

出版发行 法律出版社	开本 A5
编辑统筹 法规出版分社	印张 5.875　字数 142 千
责任校对 张红蕊	版本 2023 年 6 月第 1 版
责任印制 耿润瑜	印次 2023 年 6 月第 1 次印刷
经　　销 新华书店	印刷 北京中科印刷有限公司

地址：北京市丰台区莲花池西里 7 号（100073）
网址：www.lawpress.com.cn　　　　　销售电话：010-83938349
投稿邮箱：info@lawpress.com.cn　　　客服电话：010-83938350
举报盗版邮箱：jbwq@lawpress.com.cn　咨询电话：010-63939796
版权所有·侵权必究

书号：ISBN 978-7-5197-7857-6　　　　定价：23.00 元
凡购买本社图书，如有印装错误，我社负责退换。电话：010-83938349

编辑出版说明

"法者,天下之准绳也。"在法治社会,人们与其生活的社会发生的所有关系,莫不以法律为纽带和桥梁。人与人之间即是各种法律关系的总和。为帮助广大读者学法、知法、守法、用法,我们组织专业力量精心编写了"法律法规大字实用版系列"丛书。本丛书具有以下特点:

1. 专业。出版机构专业:成立于1954年的法律出版社,是全国首家法律专业出版机构,有专业的法律编辑队伍和标准的法律文本资源。内容专业:书中的名词解释、实用问答据权威、精准专业;典型案例均来自最高人民法院、最高人民检察院发布的指导案例、典型案例以及地方法院发布的经典案例,在实践中起到指引法官"同案同判"的作用,具有很强的参考性。

2. 全面。全书以主体法为编写主线,在法条下辅之以条文主旨、名词解释、实用问答、典型案例,囊括了该条的标准理论阐释和疑难实务问题,帮助读者全面构建该条的立体化知识体系。

3. 实用。实用问答模块以一问一答的方式解答实务中的疑难问题,读者可按图索骥获取解决实务问题的答案;典型案例模块精选与条文密切相关的经典案例,在书中呈现裁判要旨,读者可按需扫描案例二维码获取案例全文。

4. 易读。采用大字排版、双色印刷，易读不累，清晰疏朗，提升了阅读体验感；波浪线标注条文重点，帮助读者精准捕捉条文要义。

书中可能尚存讹误，不当之处，尚祈读者批评指正。

法律出版社法规中心

2023 年 6 月

目　录

中华人民共和国行政处罚法

第一章　总则 ……………………………………………… 002

　第一条　立法目的 ………………………………………… 002

　第二条　行政处罚定义 …………………………………… 003

　第三条　适用范围 ………………………………………… 004

　第四条　处罚法定 ………………………………………… 005

　第五条　公正、公开原则和过罚相当原则 …………… 006

　第六条　处罚与教育相结合原则 ………………………… 008

　第七条　权利保障原则 …………………………………… 009

　第八条　民事责任与禁止以罚代刑 ……………………… 011

第二章　行政处罚的种类和设定 ……………………… 013

　第九条　行政处罚的种类 ………………………………… 013

　第十条　法律的行政处罚设定权 ………………………… 016

　第十一条　行政法规的行政处罚设定权 ………………… 017

　第十二条　地方性法规的行政处罚设定权 ……………… 018

　第十三条　国务院部门规章的行政处罚设定权 ………… 020

　第十四条　地方政府规章的行政处罚设定权 …………… 022

第十五条　行政处罚的评估 ················· 023

第十六条　其他规范性文件不得设定行政处罚 ······· 024

第三章　行政处罚的实施机关 ·················· 025

第十七条　行政处罚的实施主体 ··············· 025

第十八条　相对集中行政处罚权 ··············· 025

第十九条　行政处罚的授权 ················· 026

第二十条　行政处罚的委托 ················· 027

第二十一条　受委托组织的条件 ··············· 029

第四章　行政处罚的管辖和适用 ················· 030

第二十二条　行政处罚的地域管辖 ············· 030

第二十三条　行政处罚的级别管辖和职能管辖 ······· 032

第二十四条　下放行政处罚权的条件与情形 ········ 032

第二十五条　行政处罚的管辖归属 ············· 033

第二十六条　行政处罚的协助实施请求权 ········· 034

第二十七条　行政处罚案件的移送管辖 ··········· 035

第二十八条　责令改正与没收违法所得 ··········· 037

第二十九条　一事不再罚 ·················· 038

第三十条　未成年人的行政处罚 ··············· 039

第三十一条　精神状况异常及智力低下的人的行政处罚 ··· 040

第三十二条　从轻或者减轻行政处罚 ············ 042

第三十三条　免予处罚 ··················· 042

第三十四条　行政处罚裁量基准 ··············· 044

第三十五条　刑罚的折抵 ·················· 045

第三十六条　行政处罚追责时效 ··············· 046

第三十七条　从旧兼从轻原则 ················ 047

第三十八条　无效的行政处罚 ················ 048

第五章　行政处罚的决定

第一节　一般规定 …………………………………………………… 051

第三十九条　行政处罚公示制度 ………………………………… 051

第四十条　行政处罚的前提条件 ………………………………… 053

第四十一条　电子监控设备的配置程序、内容审核、

　　　　　　权利告知 ……………………………………………… 054

第四十二条　对行政执法人员的执法要求 ……………………… 056

第四十三条　行政执法人员回避制度 …………………………… 057

第四十四条　行政机关的告知义务 ……………………………… 058

第四十五条　当事人的陈述权和申辩权 ………………………… 059

第四十六条　证据的种类及适用规则 …………………………… 061

第四十七条　行政执法全过程记录制度 ………………………… 062

第四十八条　行政处罚决定信息公开 …………………………… 065

第四十九条　重大突发事件从快处理、从重处罚 ……………… 066

第五十条　保护国家秘密、商业秘密或者个人隐私义务 ……… 067

第二节　简易程序 …………………………………………………… 068

第五十一条　行政机关当场处罚 ………………………………… 068

第五十二条　行政机关当场处罚需履行法定手续 ……………… 069

第五十三条　行政机关当场处罚履行方式 ……………………… 070

第三节　普通程序 …………………………………………………… 071

第五十四条　处罚前调查取证程序 ……………………………… 071

第五十五条　执法人员调查中应出示证件及调查对象

　　　　　　配合义务 ……………………………………………… 071

第五十六条　取证方法和程序 …………………………………… 072

第五十七条　处罚决定 …………………………………………… 073

第五十八条　重大执法决定法制审核制度 ……………………… 074

第五十九条　行政处罚决定书的制作和内容 ………… 077
第六十条　行政处罚期限 ………………………………… 078
第六十一条　行政处罚决定书的送达 ………………… 079
第六十二条　不得做出行政处罚决定的情形 ………… 080

第四节　听证程序 ……………………………………… 081
第六十三条　行政处罚听证程序的适用范围 ………… 081
第六十四条　行政处罚的听证程序 …………………… 082
第六十五条　听证笔录及处罚决定 …………………… 083

第六章　行政处罚的执行 ……………………………… 084
第六十六条　履行期限 …………………………………… 084
第六十七条　罚缴分离原则 ……………………………… 085
第六十八条　当场收缴罚款情形 ………………………… 086
第六十九条　边远地区当场收缴罚款 …………………… 087
第七十条　罚款收据 ……………………………………… 087
第七十一条　当场收缴罚款的上缴程序 ………………… 088
第七十二条　执行措施 …………………………………… 088
第七十三条　复议、诉讼期间行政处罚不停止执行 …… 089
第七十四条　罚没非法财物的处理 ……………………… 091
第七十五条　行政处罚监督制度 ………………………… 092

第七章　法律责任 ………………………………………… 095
第七十六条　违法行政处罚实施人员的法律责任 …… 095
第七十七条　违法使用单据的法律责任 ………………… 095
第七十八条　违反罚缴分离的法律责任 ………………… 096
第七十九条　截留私分罚没款的法律责任 …………… 096
第八十条　使用、损毁查封、扣押财物的法律责任 …… 098
第八十一条　违法行政检查和违法行政强制执行的法

律责任 ··· 098
　第八十二条　以罚代刑的法律责任 ················· 099
　第八十三条　执法人员不作为致损应担责 ········ 100
第八章　附则 ··· 103
　第八十四条　法的对象效力范围 ···················· 103
　第八十五条　期限 ······································ 104
　第八十六条　施行日期 ································ 104

附录

中华人民共和国宪法（节录）（2018.3.11修正）······ 105
中华人民共和国立法法（节录）（2023.3.13修正）··············· 106
中华人民共和国行政复议法（2017.9.1修正）··············· 115
中华人民共和国行政复议法实施条例（节录）（2007.5.29）····· 127
中华人民共和国行政诉讼法（2017.6.27修正）··············· 128
中华人民共和国治安管理处罚法（节录）（2012.10.26修正）··· 150
中华人民共和国道路交通安全法（节录）（2021.4.29修正）······ 156
中华人民共和国道路交通安全法实施条例（节录）（2017.10.7修订）··· 160
中华人民共和国刑法（节录）（2020.12.26修正）··············· 161
中华人民共和国民法典（节录）（2020.5.28）··············· 166
中华人民共和国民事诉讼法（节录）（2021.12.24修正）····· 166
中华人民共和国未成年人保护法（节录）（2020.10.17修订）··· 168
中华人民共和国国家赔偿法（节录）（2012.10.26修正）····· 169
最高人民法院关于审理行政赔偿案件若干问题的规定（2022.3.20）··· 170

中华人民共和国行政处罚法

- 1996年3月17日第八届全国人民代表大会第四次会议通过

- 根据2009年8月27日第十一届全国人民代表大会常务委员会第十次会议《关于修改部分法律的决定》第一次修正

- 根据2017年9月1日第十二届全国人民代表大会常务委员会第二十九次会议《关于修改〈中华人民共和国法官法〉等八部法律的决定》第二次修正

- 2021年1月22日第十三届全国人民代表大会常务委员会第二十五次会议修订

第一章 总 则

◆ **第一条 立法目的***

为了规范行政处罚的设定和实施，保障和监督行政机关有效实施行政管理，维护公共利益和社会秩序，保护公民、法人或者其他组织的合法权益，根据宪法，制定本法。

名词解释

公共利益，是指社会整体生存和发展的各种需要，与个人利益相对。

社会秩序，又称公共秩序，是指为维护社会公共生活所必需的整体秩序。

典型案例

佛山市高明区新时代学校与佛山市高明区教育局教育行政处罚案[1]

裁判要旨：行政处罚是行政机关为维护行政管理秩序，对违反

---

* 条文主旨为编者所加，全书同。
[1] 参见广东省高级人民法院（2018）粤行申 983 号。

行政法上义务的行政相对人给予的法律制裁。《行政处罚法》① 第1条作为法律原则，在实践中直接援引的余地较小，主要是用来对行政行为的性质、目的进行阐述分析。对行政处罚的设定目的要坚持两个一般原则：一是推进行政管理，维护公共利益；二是保护相对人的合法权益。要注意在这两者之间寻求平衡。

贝汇丰与海宁市公安局交通警察大队
道路交通管理行政处罚案②

裁判要旨： 行政机关负有有效实施行政管理、维护公共利益和社会秩序的职责，可依法在职权范围内对公民、法人或其他组织的违法行为进行处罚。

◆ **第二条　行政处罚定义**

行政处罚是指行政机关依法对违反行政管理秩序的公民、法人或者其他组织，以减损权益或者增加义务的方式予以惩戒的行为。

名词解释

行政行为，是指由行政主体基于行政职权，针对公民、法人或者其他组织作出的，并影响其权利与义务的管理行为。

---

① 为方便阅读，本书中的法律法规名称均使用简称。
② 参见浙江省嘉兴市中级人民法院（2015）浙嘉行终字第52号。

江苏期望期货经纪有限公司与
中国证券监督管理委员会证券监管措施案[①]

裁判要旨： 根据《期货交易管理条例》第 21 条中的规定，期货公司或者其分支机构成立后无正当理由超过 3 个月未开始营业，或者开业后无正当理由停业连续 3 个月以上，国务院期货监督管理机构应当依法办理期货业务许可证注销手续。被处罚行为的违法性是行政处罚的存在基础，中国证券监督管理委员会对期货公司连续 3 个月停业的事实作出的被诉告知书，仅是其针对期货公司出现不符合持续性经营条件的事实状态作出的监管措施，并非对期货公司存在某种违法行为的否定性评价，不属于行政处罚行为。

◆ **第三条　适用范围**

行政处罚的设定和实施，适用本法。

[①] 参见北京市高级人民法院（2010）高行终字第 303 号。

 **典型案例**

邵云霞与普兰店市公安局行政处罚案①

裁判要旨： 法律对行政处罚种类的设定权进行了明确规定。《行政处罚法》关于行政处罚种类的规定不包含训诫，故训诫不属于行政处罚。

◆ **第四条　处罚法定**

公民、法人或者其他组织违反行政管理秩序的行为，应当给予行政处罚的，依照本法由法律、法规、规章规定，并由行政机关依照本法规定的程序实施。

名词解释

行政处罚法定原则，是指行政处罚形成的法律关系的各要素，包括主体、客体、权益减损或者义务增加的内容、幅度、实现方式等均须法定，即《行政处罚法》第 3 条规定的行政处罚的设定和实施，均须法定。

---

① 参见辽宁省大连市中级人民法院（2014）大行终字第 219 号。

 **典型案例**

嘉措与化隆回族自治县公安局行政处罚案[①]

裁判要旨：公安机关按照《公安机关办理行政案件程序规定》的程序，及时立案，并履行了行政处罚前的调查、询问、审批、告知等必要程序，依据《治安管理处罚法》有关规定作出处罚决定，具备法定依据、遵循法定程序。从法律规定看，送达的目的在于让被处罚人知晓处罚内容维护自身权利。故在被处罚人已对处罚决定知情而拒收的情况下，行政机关没有留置送达处罚决定书，虽然有轻微瑕疵，但并不影响被处罚人对处罚内容的知晓和对自身权利的行使，故不构成处罚行为程序违法。

◆ **第五条　公正、公开原则和过罚相当原则**

　　行政处罚遵循公正、公开的原则。
　　设定和实施行政处罚必须以事实为依据，与违法行为的事实、性质、情节以及社会危害程度相当。
　　对违法行为给予行政处罚的规定必须公布；未经公布的，不得作为行政处罚的依据。

名词解释

　　过罚相当，是指对行政相对人处以行政处罚的种类、幅度等应

---

① 参见青海省高级人民法院（2020）青行申9号。

当与其违法行为的事实、性质、情节以及对公共利益和社会秩序的危害程度相匹配、相适应。

实用问答

1. 治安管理应当遵循什么原则？

答：根据《治安管理处罚法》第 5 条的规定，治安管理处罚必须以事实为依据，与违反治安管理行为的性质、情节以及社会危害程度相当。实施治安管理处罚，应当公开、公正，尊重和保障人权，保护公民的人格尊严。办理治安案件应当坚持教育与处罚相结合的原则。

2. 处罚公开原则包括哪些内容？

行政处罚公开原则，是我国行政公开原则在行政处罚领域的落实和体现。它包含处罚依据公开、处罚决定公开和处罚制度信息的公示。

典型案例

杭州金菱印花有限公司与中华人民共和国上海吴淞海关行政处罚案[①]

裁判要旨：走私进口货物已经通关放行客观上无法没收，海关可以追缴走私货物的等值价款，行政相对人存在积极缴纳担保金等依法从轻或者减轻行政处罚的法定情节时，应当综合考虑违法事实、性质、情节等作出行政处罚决定书。

---

① 参见最高人民法院（2017）最高法行申 4273 号。

程思翔与广东省司法厅行政处罚案[①]

裁判要旨： 存在违法行为性质、情节恶劣，或者有其他法律规定的违法情节严重应当在行政处罚种类及幅度的范围内从重处罚的情形，行政机关作出的处罚决定要与事实一致，遵循过罚相当的原则。

◆ **第六条　处罚与教育相结合原则**

实施行政处罚，纠正违法行为，<u>应当坚持处罚与教育相结合</u>，教育公民、法人或者其他组织自觉守法。

典型案例

三惠（福建）工贸有限公司与泉州市泉港区安全生产监督管理局安全生产行政处罚案[②]

裁判要旨： 给予当事人整改期限是行政机关对当事人轻微违法行为的提示和教育手段。如果当事人仍然违反要求作出违法行为，行政机关在作出处罚决定时可以充分考虑被处罚人违法情节的轻重。

---

① 参见最高人民法院（2017）最高法行申 3447 号。
② 参见福建省高级人民法院（2018）闽行申 461 号。

上海中燃船舶燃料有限公司
与上海市质量技术监督局行政处罚案[①]

裁判要旨： 行政机关可以依法对相对人的违法行为作出行政处罚，但作出处罚决定前应当结合个案具体情况，在法律规定的种类、幅度范围内予以考量，进一步提升处罚决定的适当性，以更好地体现坚持处罚与教育相结合的行政处罚原则。

◆ 第七条　权利保障原则

公民、法人或者其他组织对行政机关所给予的行政处罚，享有陈述权、申辩权；对行政处罚不服的，有权依法申请行政复议或者提起行政诉讼。

公民、法人或者其他组织因行政机关违法给予行政处罚受到损害的，有权依法提出赔偿要求。

名词解释

陈述权，是指当事人就所知悉的情况向行政机关陈述的权利。

申辩权，是指当事人就执法机关对违法行为的指控作出针对性的反驳和辩解的权利。

行政复议，是指公民、法人或者其他组织认为行政机关的具体行政行为（包括行政处罚）侵犯其合法权益，有权依照有关行政复议法律制度的规定，向有复议管辖权的行政机关申请复议，要求撤

[①] 参见上海市第三中级人民法院（2018）沪03行终300号。

销或者变更具体行政行为，维护自己合法权益的活动。

行政诉讼，是指公民、法人或者其他组织认为行政机关的具体行政行为（包括行政处罚）侵犯其合法权益，依照行政诉讼法律制度的规定向人民法院提起诉讼的活动。

行政赔偿，是指因行政机关违法给予公民、法人或者其他组织行政处罚，致使其合法权益受到损害，而由国家承担赔偿责任的法律制度。

实用问答

生产经营单位及其有关人员应如何应对安全监管监察部门给予的行政处罚？

答：根据《安全生产违法行为行政处罚办法》第 4 条的规定，生产经营单位及其有关人员对安全监管监察部门给予的行政处罚，依法享有陈述权、申辩权和听证权；对行政处罚不服的，有权依法申请行政复议或者提起行政诉讼；因违法给予行政处罚受到损害的，有权依法申请国家赔偿。

典型案例

海南万杰进出口有限公司
与中华人民共和国海口海关行政处罚案[①]

裁判要旨：行政机关在作出行政处罚决定之前，应当通过行政处罚告知单或其他方式告知当事人其依法享有的陈述权、申辩权。当事人认为行政处罚认定的违法事实错误、证据不足或者程序违法的，都可以依法提起

---

① 参见海南省高级人民法院（2012）琼行终字第 75 号。

行政诉讼来救济自己的权利。

林凤昌与长春市盐务管理局盐业行政处罚案[①]

裁判要旨： 行政相对人对行政处罚不服的，有权申请行政复议或者提起行政诉讼，但应当注意法律法规对"复议前置"事项的规定，依照法定程序应先申请行政复议的，就不能直接向人民法院起诉。

◆ 第八条　民事责任与禁止以罚代刑

公民、法人或者其他组织因违法行为受到行政处罚，其违法行为对他人造成损害的，应当依法承担民事责任。

违法行为构成犯罪，应当依法追究刑事责任的，不得以行政处罚代替刑事处罚。

实用问答

哪些行为属于犯罪行为？

答：根据《刑法》第 13 条的规定，一切危害国家主权、领土完整和安全，分裂国家、颠覆人民民主专政的政权和推翻社会主义制度，破坏社会秩序和经济秩序，侵犯国有财产或者劳动群众集体所有的财产，侵犯公民私人所有的财产，侵犯公民的人身权利、民主权利和其他权利，以及其他危害社会的行为，依照法律应当受刑罚处罚的，都是犯罪，但是情节显著轻微危害不大的，不认为是犯罪。

---

① 参见吉林省长春市中级人民法院（2017）吉 01 行赔终 85 号。

 **典型案例**

白银有色金属公司破产清算组
与张保安、坚公平等采矿权纠纷案[①]

裁判要旨：行政责任适用的主要目的是惩戒违法的行政相对人，维护行政管理秩序，同时对类似违法行为起到威慑作用；而民事责任适用的主要目的是补偿受害人所受的损害，通过赔偿的方法使已经遭受侵害的财产关系和人身关系得到恢复和补救。两者所要实现的目的、所追求的法律效果均有不同，故对同一行为，行政责任和民事责任可以并存且不可互相替代。

宁夏天嘉电线电缆有限公司
与中华人民共和国银川海关其他行政行为案[②]

裁判要旨：海关发现违法行为涉嫌犯罪的，应当移送海关侦查走私犯罪公安机构、地方公安机关依法办理，行政处罚案件自移送刑事侦查部门之日起中止调查，不能以行政处罚代替刑事处罚。海关缉私局在办理涉嫌走私犯罪等刑事案件时，不再是行政主体身份，不能适用行政法律规范，而是海关侦查走私犯罪的公安机构，履行侦查、拘留、执行逮捕、预审职责时应当按照《刑事诉讼法》的规定办理。

---

① 参见最高人民法院（2017）最高法民终 80 号。
② 参见最高人民法院（2019）最高法行申 2751 号。

第二章　行政处罚的种类和设定

◆ **第九条　行政处罚的种类**

行政处罚的种类：
（一）警告、通报批评；
（二）罚款、没收违法所得、没收非法财物；
（三）暂扣许可证件、降低资质等级、吊销许可证件；
（四）限制开展生产经营活动、责令停产停业、责令关闭、限制从业；
（五）行政拘留；
（六）法律、行政法规规定的其他行政处罚。

名词解释

警告，是指行政主体对违法当事人实施的一种书面形式的谴责，指出其违法行为，告诫其吸取教训，以防再犯。

通报批评，是指行政主体在一定范围内，通过一定的形式，对违法当事人公布其违法行为，教育其本人和他人引以为戒的一种处罚手段。

罚款，是指行政主体强制违法当事人用自己的合法财产缴纳一定数量货币的处罚。

没收违法所得，是指行政主体把违法当事人的违法所得予以收缴的处罚手段。

没收非法财物，是指行政主体把违法当事人从事违法行为过程中的违禁物品、违法财物强制无偿收归国有的处罚手段。

暂扣许可证件，是指行政主体对违法当事人通过暂扣其许可证件，以实现在一定期限内暂时剥夺当事人从事某项资格性活动的目的的处罚手段。

降低资质等级，是指行政主体对违法当事人通过降低其资质等级而限制其生产、经营和其他活动的处罚手段。

吊销许可证件，是指行政主体对违法当事人通过吊销其许可证件，使其永远失去从事某项资格性活动资格和权利的处罚手段。

限制开展生产经营活动，是指行政主体对违法生产经营当事人限制其生产经营权的处罚手段。

责令停产停业，是指行政主体对违法生产经营当事人责令其在一定期限内停止全部或部分生产经营活动的处罚手段。

责令关闭，是指行政主体对违法设立的组织，或者对合法的组织因进行违法的活动，责令其停止活动的处罚手段。它包括对非法组织的取缔，或者对依法设立的组织责令其停止非法活动。

限制从业，是指行政主体对违法从业的当事人通过限制其从业以示惩罚的处罚手段。限制从业包括限制从业范围、限制从业时间、限制从业地域等。

行政拘留，是指特定行政机关在一定期限内剥夺违法当事人人身自由的行政处罚。

典型案例

铜仁市碧江区人民政府与彭胜前环境行政管理案[①]

裁判要旨：《行政处罚法》并没有采取穷尽式列举行政处罚的种类的方式，而是赋予法律、行政法规对相应行政处罚种类的设定权。《环境行政处罚办法》第10条规定："根据法律、行政法规和部门规章，环境行政处罚的种类有：（一）警告；（二）罚款；（三）责令停产整顿；（四）责令停产、停业、关闭；（五）暂扣、吊销许可证或者其他具有许可性质的证件；（六）没收违法所得、没收非法财物；（七）行政拘留；（八）法律、行政法规设定的其他行政处罚种类。"其中第4项界定了责令关闭行为的属性。《行政处罚法》在2021年修订后，将责令关闭行为明确纳入了行政处罚的范畴。

褚泉与南京市公安局秦淮分局治安管理行政处罚案[②]

裁判要旨：行政处罚种类的设定权限必须有法律依据。训诫不属于行政处罚，与行政机关后续依法作出的拘留处罚决定适用条件不同，法律依据不同，因此不构成重复处罚。

---

① 参见贵州省高级人民法院（2019）黔行终927号。
② 参见江苏省高级人民法院（2020）苏行申10号。

◆ **第十条　法律的行政处罚设定权**

法律可以设定各种行政处罚。

限制人身自由的行政处罚，只能由法律设定。

实用问答

哪些事项只能由法律设定？

答：根据《立法法》第 11 条的规定，下列事项只能制定法律：（1）国家主权的事项；（2）各级人民代表大会、人民政府、监察委员会、人民法院和人民检察院的产生、组织和职权；（3）民族区域自治制度、特别行政区制度、基层群众自治制度；（4）犯罪和刑罚；（5）对公民政治权利的剥夺、限制人身自由的强制措施和处罚；（6）税种的设立、税率的确定和税收征收管理等税收基本制度；（7）对非国有财产的征收、征用；（8）民事基本制度；（9）基本经济制度以及财政、海关、金融和外贸的基本制度；（10）诉讼制度和仲裁基本制度；（11）必须由全国人民代表大会及其常务委员会制定法律的其他事项。

典型案例

**许淑杰与吉林省人民政府、
吉林省吉林市人民政府劳动教养决定案**[1]

裁判要旨：人身自由权是公民权利中最基本的一项权利，限制

---

[1] 参见最高人民法院（2018）最高法行申 100 号。

人身自由是一种相当严厉的处罚，只有法律才可以设定此种类型处罚。这不仅体现了立法的审慎态度，也是对行政机关职能的边界限制，即其在执法实践中不能滥用行政处罚的设定权。《行政处罚法》第 10 条第 2 款规定，限制人身自由的行政处罚只能由法律设定。劳动教养①是对被劳动教养的人实行强制性教育改造的行政措施，是处理人民内部矛盾的一种方法。其虽然也是限制人身自由的行政措施，但其由行政法规规定，故不属于行政处罚范畴。

◆ **第十一条　行政法规的行政处罚设定权**

行政法规可以设定除限制人身自由以外的行政处罚。

法律对违法行为已经作出行政处罚规定，行政法规需要作出具体规定的，必须在法律规定的给予行政处罚的行为、种类和幅度的范围内规定。

法律对违法行为未作出行政处罚规定，行政法规为实施法律，可以补充设定行政处罚。拟补充设定行政处罚的，应当通过听证会、论证会等形式广泛听取意见，并向制定机关作出书面说明。行政法规报送备案时，应当说明补充设定行政处罚的情况。

名词解释

行政法规，是国务院为领导和管理国家各项行政工作，根据宪法和法律，按照法定程序制定的有关行使行政权力、履行行政职责的规范性文件的总称。

---

① 劳动教养制度已于 2013 年被废止。

实用问答

国务院有权制定哪些方面的行政法规？

答：根据《立法法》第 12 条的规定，该法第 11 条规定的事项尚未制定法律的，全国人民代表大会及其常务委员会有权作出决定，授权国务院可以根据实际需要，对其中的部分事项先制定行政法规，但是有关犯罪和刑罚、对公民政治权利的剥夺和限制人身自由的强制措施和处罚、司法制度等事项除外。

典型案例

林闻华与中华人民共和国汕头海事局海事行政处罚案[①]

裁判要旨：行政法规没有对限制人身自由的行政处罚种类的设定权，行政法规有关创设限制人身自由类型的行政处罚的规定违法。行政法规对行政处罚的具体规定必须在法律所规定的行为、种类和幅度范围内。

◆ 第十二条　地方性法规的行政处罚设定权

地方性法规可以设定<u>除限制人身自由、吊销营业执照以外的行政处罚</u>。

法律、行政法规对违法行为已经作出行政处罚规定，地方性法规需要作出具体规定的，必须在法律、行政法规规定的给予行政处罚的行为、种类和幅度的范围内规定。

---

① 参见广东省高级人民法院（2019）粤行终 208 号。

> 法律、行政法规对违法行为未作出行政处罚规定，地方性法规为实施法律、行政法规，<u>可以补充设定行政处罚</u>。拟补充设定行政处罚的，<u>应当通过听证会、论证会等形式广泛听取意见，并向制定机关作出书面说明</u>。地方性法规报送备案时，应当说明补充设定行政处罚的情况。

📝 名词解释

<u>地方性法规</u>，是指法定的地方国家权力机关依照法定的权限，在不同宪法、法律和行政法规相抵触的前提下，制定和颁布的在该行政区域范围内实施的规范性文件。

📄 实用问答

地方性法规可以就哪些事项作出规定？

答：根据《立法法》第82条的规定，地方性法规可以就下列事项作出规定：（1）为执行法律、行政法规的规定，需要根据本行政区域的实际情况作具体规定的事项；（2）属于地方性事务需要制定地方性法规的事项。除《立法法》第11条规定的事项外，其他事项国家尚未制定法律或者行政法规的，省、自治区、直辖市和设区的市、自治州根据本地方的具体情况和实际需要，可以先制定地方性法规。在国家制定的法律或者行政法规生效后，地方性法规同法律或者行政法规相抵触的规定无效，制定机关应当及时予以修改或者废止。设区的市、自治州根据《立法法》第82条第1款、第2款制定地方性法规，限于《立法法》第81条第1款规定的事项。制定地方性法规，对上位法已经明确规定的内容，一般不作重复性规定。

 **典型案例**

新泰市海纳盐业有限公司与新泰市盐务局行政处罚案[①]

裁判要旨： 下位法可以结合违法行为的性质、事实、社会危害后果等具体情节，对法律规定的行政处罚种类、幅度进行细化，这确保了行政处罚的合法性、合理性，有利于规范行政执法行为，避免行政执法的肆意。但法律、行政法规的效力高于地方性法规，地方性法规超过法律或者行政法规范围或与之相抵触而制定的有关行政处罚的规定无效。

> ◆ **第十三条　国务院部门规章的行政处罚设定权**
>
> 　　国务院部门规章可以在法律、行政法规规定的给予行政处罚的行为、种类和幅度的范围内作出具体规定。
>
> 　　尚未制定法律、行政法规的，国务院部门规章对违反行政管理秩序的行为，可以设定警告、通报批评或者一定数额罚款的行政处罚。罚款的限额由国务院规定。

名词解释

　　国务院部门规章，是指国务院有关部门依法按照部门规章制定程序制定发布的行政规范性文件的总称，其主要形式为命令、指示、

---

① 参见山东省高级人民法院（2018）鲁行再3号。

规章等。

实用问答

国务院哪些部门可以制定部门规章？部门规章规定的事项有哪些？

答：根据《立法法》第 91 条的规定，国务院各部、委员会、中国人民银行、审计署和具有行政管理职能的直属机构以及法律规定的机构，可以根据法律和国务院的行政法规、决定、命令，在本部门的权限范围内，制定规章。部门规章规定的事项应当属于执行法律或者国务院的行政法规、决定、命令的事项。没有法律或者国务院的行政法规、决定、命令的依据，部门规章不得设定减损公民、法人和其他组织权利或者增加其义务的规范，不得增加本部门的权力或者减少本部门的法定职责。

典型案例

曲阜东周文化发展有限公司与曲阜市
市场监督管理局、济宁市人民政府行政处罚案[①]

裁判要旨： 对商业贿赂行为作出行政处罚的种类和幅度都已由《反不正当竞争法》作出规定，《国家工商行政管理局关于禁止商业贿赂行为的暂行规定》作为国家工商行政管理总局制定的部门规章需要在前者的范围内进行细化才能作为合法的法律依据。

---

① 参见山东省高级人民法院（2017）鲁行申 649 号。

◆ **第十四条　地方政府规章的行政处罚设定权**

地方政府规章可以在法律、法规规定的给予行政处罚的行为、种类和幅度的范围内作出具体规定。

尚未制定法律、法规的，地方政府规章对违反行政管理秩序的行为，可以设定警告、通报批评或者一定数额罚款的行政处罚。罚款的限额由省、自治区、直辖市人民代表大会常务委员会规定。

名词解释

地方政府规章，是指法律规定的地方人民政府依法按照地方政府规章的制定程序制定发布的规范性文件的总称。

实用问答

地方政府规章可以就哪些事项作出规定？

答：根据《立法法》第93条的规定，省、自治区、直辖市和设区的市、自治州的人民政府，可以根据法律、行政法规和本省、自治区、直辖市的地方性法规，制定规章。地方政府规章可以就下列事项作出规定：（1）为执行法律、行政法规、地方性法规的规定需要制定规章的事项；（2）属于本行政区域的具体行政管理事项。设区的市、自治州的人民政府根据《立法法》第93条第1款、第2款制定地方政府规章，限于城乡建设与管理、生态文明建设、历史文化保护、基层治理等方面的事项。已经制定的地方政府规章，涉及上述事项范围以外的，继续有效。除省、自治区的人民政府所在地的市，经济特区所在地的市和国务院已经批准的较大的市以外，其他设区的市、自治州的人民政府开始制定规章的时间，与本省、自治区人民代表大会常务委员会确定的本市、自治州开始制定地方性法规的时间同步。应当制定地方性法规但条件尚不成熟的，因行政管理迫切需要，可以先制定地方政府规章。规章实施满两年需要继续实施规章所规定的行政措施的，应当提请本级人民代表大会或者其常务委员会制定地方性法规。没有法律、行政法规、地方性法规的依据，地方政府规章不得设定减损公民、法人和其他组织权利或者增加其义务的规范。

海南文昌市文泉置业有限公司与文昌市人民政府无偿收回国有建设用地使用权案[①]

裁判要旨：《海南省闲置土地认定和处置规定》在《城市房地产管理法》的基础上，综合考虑海南省的特殊地域环境、行政管理等细节而对收回闲置土地的要求进行细化规定，将其作为合法依据予以适用并不违反法律规定。

◆ **第十五条　行政处罚的评估**

国务院部门和省、自治区、直辖市人民政府及其有关部门应当定期组织评估行政处罚的实施情况和必要性，对不适当的行政处罚事项及种类、罚款数额等，应当提出修改或者废止的建议。

---

① 参见海南省高级人民法院（2018）琼行终1106号。

名词解释

立法后评估，一般是指在法律、法规颁布实施一段时间后，结合法律、法规的实施情况，包括取得的成效、存在的问题，对特定的法律、法规所进行的评价，目的在于更好地实施、修改完善被评估的法律、法规，并从中总结经验，为开展相关立法提供借鉴和指导。

◆ **第十六条　其他规范性文件不得设定行政处罚**

除法律、法规、规章外，其他规范性文件不得设定行政处罚。

典型案例

黄世森、珠海市斗门区卫生健康局卫生行政管理案[①]

裁判要旨：行政处罚设定权法定化是为了防止权力滥用，但不影响地方人民政府根据具体情形制定更细化的有关行政处罚行为的规范性文件。除法律、法规、规章以外的规范性文件不得设定行政处罚，为了保障法律正确实施而制定的标准、细则可以作为作出行政行为的参考依据。

[①] 参见广东省珠海市中级人民法院（2019）粤04行终122号。

第三章　行政处罚的实施机关

◆ **第十七条　行政处罚的实施主体**

行政处罚由具有行政处罚权的行政机关在法定职权范围内实施。

名词解释

行政处罚的实施主体，是指依法拥有行政处罚权，以自己的名义作出处罚决定，并独立承担法律责任的行政机关和其他法定组织。

行政机关，是指依法行使国家权力、执行国家行政职能的机关。

◆ **第十八条　相对集中行政处罚权**

国家在城市管理、市场监管、生态环境、文化市场、交通运输、应急管理、农业等领域推行建立综合行政执法制度，相对集中行政处罚权。

国务院或者省、自治区、直辖市人民政府可以决定一个行政机关行使有关行政机关的行政处罚权。

限制人身自由的行政处罚权只能由公安机关和法律规定的其他机关行使。

名词解释

相对集中行政处罚权，是指国务院或者经国务院授权的省、自治区、直辖市人民政府，将法律、法规和规章设定给予有关行政机关的行政处罚权的部分或者全部，从原行政机关的管理职能中分离出来，集中到一个行政机关统一行使的制度。

典型案例

济南明生物流有限公司与济南市交通运输监察支队行政处罚案[①]

裁判要旨： 除了传统的行政机关、承接相对集中行政处罚权的行政机关，法律、法规和规章授权的特定的内设机构也可承接相对集中行政处罚权。

◆ **第十九条　行政处罚的授权**

法律、法规授权的具有管理公共事务职能的组织可以在法定授权范围内实施行政处罚。

名词解释

行政处罚的授权，是指法律、法规将某些行政处罚权授予非行政机关的组织行使。

[①] 参见山东省济南市中级人民法院（2018）鲁01行终790号。

典型案例

周红涛与某文物保护管理所行政处罚纠纷案[①]

裁判要旨： 文物保护管理部门作为法律法规授权的具有管理公共事务职能的组织，依法对本行政区内的文物保护实施监督管理，其享有独立的行政处罚主体资格。

◆ **第二十条　行政处罚的委托**

行政机关依照法律、法规、规章的规定，可以在其法定权限内书面委托符合本法第二十一条规定条件的组织实施行政处罚。行政机关不得委托其他组织或者个人实施行政处罚。

委托书应当载明委托的具体事项、权限、期限等内容。委托行政机关和受委托组织应当将委托书向社会公布。

委托行政机关对受委托组织实施行政处罚的行为应当负责监督，并对该行为的后果承担法律责任。

受委托组织在委托范围内，以委托行政机关名义实施行政处罚；不得再委托其他组织或者个人实施行政处罚。

名词解释

行政处罚的委托，是指行政机关依照法律、法规、规章的规定，在其法定权限内将其拥有的行政处罚权委托给其他组织行使。

[①] 参见河南省开封市中级人民法院（2008）尉行初字第 02 号。

实用问答

1. 委托实施行政处罚与授权实施行政处罚的主要区别是什么？

答：二者的主要区别如下：(1) 行政机关可以依照法律、法规、规章的规定委托组织实施行政处罚；授权实施行政处罚只能依照法律和法规的规定，规章无此权限。(2) 受委托组织以委托行政机关的名义实施行政处罚，委托行政机关须对行政处罚的后果负责；被授权组织可以以自己的名义行使行政处罚权，以自己的名义独立承担因行使行政处罚权而引起的法律后果。

2. 生态环境主管部门如何委托有关组织实施行政处罚？

答：根据《生态环境行政处罚办法》第 12 条的规定，生态环境主管部门可以在其法定权限内书面委托符合《行政处罚法》第 21 条规定条件的组织实施行政处罚。受委托组织应当依照《行政处罚法》和该办法的有关规定实施行政处罚。

典型案例

李涛与锦州市城市管理综合行政执法局撤销行政处罚决定案[1]

裁判要旨： 行政机关对受委托的组织实施的行政处罚的法律责任承担后果。受委托组织所作的行政行为，委托的行政机关是被告。

---

[1] 参见辽宁省高级人民法院（2017）辽行申 658 号。

◆ **第二十一条 受委托组织的条件**

受委托组织必须符合以下条件：
（一）依法成立并具有管理公共事务职能；
（二）有熟悉有关法律、法规、规章和业务并取得行政执法资格的工作人员；
（三）需要进行技术检查或者技术鉴定的，应当有条件组织进行相应的技术检查或者技术鉴定。

名词解释

行政执法资格，是指行政执法人员从事行政执法活动应当具备的条件。

典型案例

葫芦岛市生态环境局与辽宁英华环保科技
有限责任公司行政处罚纠纷案[①]

裁判要旨：环境保护主管部门可以在其法定职权范围内委托环境监察机构实施行政处罚，受委托的环境监察机构在委托范围内具有执法资格。

---

① 参见辽宁省葫芦岛市中级人民法院（2019）辽14行终153号。

第四章　行政处罚的管辖和适用

◆ **第二十二条　行政处罚的地域管辖**

行政处罚由违法行为发生地的行政机关管辖。法律、行政法规、部门规章另有规定的，从其规定。

名词解释

行政处罚的管辖，是指具有行政处罚权的行政机关和具有管理公共事务职能的组织在受理、处罚公民、法人或者其他组织违反行政管理秩序的行为时的分工和权限。

地域管辖，是指横向划分同级人民政府之间及其所属部门在各自辖区内实施行政处罚的权限和分工。

实用问答

具体适用行政处罚地域管辖时需要注意哪些问题？

答：具体适用行政处罚地域管辖时需要注意以下问题：（1）理解违法行为发生地。通常情况下，行为人行为构成行政违法，客观上必须实施了行政违法行为，以行政违法行为的发生地作为行政机关管辖的地域依据。行政违法行为的发生地的范围较广，包括违法行为着手地、经过地、实施地和危害结果发生地等，囊括了行为人实施行政违法行为的全过程，无论行为人在其实施行政违法行为的任何阶段被发现，该地方都可以成为违法行为地，都可以立即依法就地给予行政处罚。该规定有利于行政机关及时有效地打击行政违法行为；有利于行政机关对违法事实的进一步调查、取证，便于行政处罚实施，可以有效地节省人力、物力，提高工作效率，符合行政执法的效率原则。（2）注意不能扩大或者缩小适用地域管辖特别规定的范围，仅限于法律、行政法规、部门规章对专门问题作出特殊的行政处罚地域管辖规定。行政机关在实施行政处罚时，必须掌握特别规定，才能准确进行行政处罚，有效地维护行政管理秩序。

典型案例

河北养元智汇饮品股份有限公司与汝南县工商行政管理局行政处罚案[①]

裁判要旨： 工商行政管理机关进行行政处罚，由违法行为发生地的县级以上地方人民政府具有行政处罚权的行政机关管辖。在中华人民共和国境内，商品经营者或者服务提供者通过一定媒介和形式直接或者间接地介绍自己所推销的商品或者服务属于商业广告。在生产包装上进行商业广告的行为，随该产品的销售而发生在产品销售地，广告行为地应视为与产品销售地一致，符合"行为发生地"管辖。但同时，《广告法》第11条第2款规定，广告使用数据、统计资料、调查结果、文摘、引用语等引证内容的，应当真实、准确，并表明出处。引证内容有适用范围和有效期限的，应当明确表示。独家冠名不属于《广告法》引证内容的范畴，在销售包装上展示取得冠名权的行为，不属于《广告法》中引证的范围。因此，工商行政管理机关在对广

---

① 参见河南省高级人民法院（2019）豫行再106号。

告违法行为进行行政处罚时，不但要确定管辖权，还应当正确认定违法事实。

◆ 第二十三条　行政处罚的级别管辖和职能管辖

行政处罚由县级以上地方人民政府具有行政处罚权的行政机关管辖。法律、行政法规另有规定的，从其规定。

名词解释

级别管辖，是指同类上下级行政机关之间实施行政处罚的权限的分工。

职能管辖，是指不同的行政机关依据法律赋予的各自职权对实施行政处罚所作的分工。

◆ 第二十四条　下放行政处罚权的条件与情形

省、自治区、直辖市根据当地实际情况，可以决定将基层管理迫切需要的县级人民政府部门的行政处罚权交由能够有效承接的乡镇人民政府、街道办事处行使，并定期组织评估。决定应当公布。

承接行政处罚权的乡镇人民政府、街道办事处应当加强执法能力建设，按照规定范围、依照法定程序实施行政处罚。

有关地方人民政府及其部门应当加强组织协调、业务指导、执法监督，建立健全行政处罚协调配合机制，完善评议、考核制度。

◆ **第二十五条　行政处罚的管辖归属**

两个以上行政机关都有管辖权的，由最先立案的行政机关管辖。

对管辖发生争议的，应当协商解决，协商不成的，报请共同的上一级行政机关指定管辖；也可以直接由共同的上一级行政机关指定管辖。

名词解释

发生管辖争议，是指两个以上行政机关或者组织在实施某一具体行政处罚上，发生互相推卸或互相争夺管辖权等现象。

指定管辖，是指上级行政机关以决定的方式指定下一级行政机关对某一行政处罚行使管辖权。

最先立案管辖，是指当两个以上行政机关都有管辖权时，由最先立案的行政机关管辖。

实用问答

对行政处罚案件的管辖权发生争议的，生态环境主管部门应该怎么办？

答：根据《生态环境行政处罚办法》第14条的规定，两个以上生态环境主管部门都有管辖权的，由最先立案的生态环境主管部门管辖。对管辖发生争议的，应当协商解决，协商不成的，报请共同的上一级生态环境主管部门指定管辖；也可以直接由共同的上一级生态环境主管部门指定管辖。

◆ 典型案例

钟华与北京市工商行政管理局通州分局行政不作为案[1]

裁判要旨： 由于行政职责的变更，有关食品生产、流通环节的监督管理职责改由食品药品监督管理部门承担，工商机关发现群众对于食品安全问题的举报事项属于其他行政机关管辖的，应当移送相关主管机关。

◆ **第二十六条　行政处罚的协助实施请求权**

行政机关因实施行政处罚的需要，可以向有关机关提出协助请求。协助事项属于被请求机关职权范围内的，应当依法予以协助。

◆ 典型案例

柳州市华美房地产开发有限公司与柳州市人民政府资源行政管理案[2]

裁判要旨： 根据《最高人民法院关于行政机关根据法院的协助执行通知书实施的行政行为是否属于人民法院行政诉讼受案范围的批复》的规定，行政机关根据人

---

[1] 参见北京市第三中级人民法院（2014）三中行终字第1251号。
[2] 参见最高人民法院（2020）最高法行申4071号。

民法院的协助执行通知书实施的行为,是行政机关必须履行的法定协助义务,不属于人民法院行政诉讼受案范围。柳州市人民政府实施变更登记的行为系根据人民法院作出的协助执行通知书实施的行为,是必须履行的法定义务。

北京金海半岛科技有限公司与国家市场监督管理总局不履行协助执行义务案[①]

裁判要旨:执行过程中行政机关拒不履行协助执行义务,人民法院应当责令其履行协助义务,并可依法采取强制措施。若金海公司认为北京市市场监督管理局拒不履行协助执行义务,可向执行法院反映,并要求执行法院采取有效监督惩戒措施,敦促该局依法履行协助义务。

◆ **第二十七条 行政处罚案件的移送管辖**

违法行为涉嫌犯罪的,行政机关应当及时将案件移送司法机关,依法追究刑事责任。对依法不需要追究刑事责任或者免予刑事处罚,但应当给予行政处罚的,司法机关应当及时将案件移送有关行政机关。

行政处罚实施机关与司法机关之间应当加强协调配合,建立健全案件移送制度,加强证据材料移交、接收衔接,完善案件处理信息通报机制。

[①] 参见最高人民法院(2019)最高法行申7682号。

📝 名词解释

行政处罚案件的移送管辖，是指具有行政处罚权的行政机关认为应由本机关管辖的案件中的违法行为涉嫌犯罪，因而将案件移送司法机关处理的制度。

📄 实用问答

行政执法机关在依法查处违法行为过程中，在什么情况下需要向公安机关移送？

答：根据《行政执法机关移送涉嫌犯罪案件的规定》第3条的规定，行政执法机关在依法查处违法行为过程中，发现违法事实涉及的金额、违法事实的情节、违法事实造成的后果等，根据《刑法》关于破坏社会主义市场经济秩序罪、妨害社会管理秩序罪等罪的规定和最高人民法院、最高人民检察院关于破坏社会主义市场经济秩序罪、妨害社会管理秩序罪等罪的司法解释以及最高人民检察院、公安部关于经济犯罪案件的追诉标准等规定，涉嫌构成犯罪，依法需要追究刑事责任的，必须依照《行政执法机关移送涉嫌犯罪案件的规定》向公安机关移送。知识产权领域的违法案件，行政执法机关根据调查收集的证据和查明的案件事实，认为存在犯罪的合理嫌疑，需要公安机关采取措施进一步获取证据以判断是否达到刑事案件立案追诉标准的，应当向公安机关移送。

> 典型案例

盘玉娟与广东省食品药品监督管理局
食品药品安全行政管理案[1]

裁判要旨：违法行为涉嫌犯罪的，行政机关应当及时将案件移送司法机关。深圳市食品药品监督管理局将相关当事人涉嫌犯罪的材料移送公安机关查处系履行法定职责，未对当事人依据行政实体法所享有的权利产生实质影响。

◆ **第二十八条　责令改正与没收违法所得**

行政机关实施行政处罚时，应当责令当事人改正或者限期改正违法行为。

当事人有违法所得，除依法应当退赔的外，应当予以没收。违法所得是指实施违法行为所取得的款项。法律、行政法规、部门规章对违法所得的计算另有规定的，从其规定。

---

[1] 参见最高人民法院（2017）最高法行申6369号。

典型案例

伍先淑与桐城市人民政府城乡建设行政管理案[1]

裁判要旨： 责令停止违法行为（责令改正），是行政管理过程中的一种手段，实际上属于责令改正的范畴，其性质是行政命令，不属于行政处罚的过程性行为，对其可以申请行政复议和提起行政诉讼。

◆ 第二十九条　一事不再罚

对当事人的同一个违法行为，不得给予两次以上罚款的行政处罚。同一个违法行为违反多个法律规范应当给予罚款处罚的，按照罚款数额高的规定处罚。

名词解释

同一个违法行为，是指同一个当事人在特定的时间、地点做出的一个侵害某个特定法律关系的行为。

实用问答

理解"一事不再罚"需要注意什么？

答： 理解"一事不再罚"需要注意以下三点：（1）对一个违法行为不得给予两次以上罚款的行政处罚，限定在一个违法行为，即违法行为人只有一个违法行为时，才不能给予两次以上罚款，也就

---

[1] 参见安徽省安庆市中级人民法院（2018）皖08行终37号。

是说，当事人只有一个违法行为时，行政机关只能给予一次罚款。（2）当事人的一个违法行为只违反一个法律规范时，当事人损害的是一个法益，对当事人行为的处罚，无论是同种类的处罚还是不同种类的处罚都不可以再罚，但根据相关法律法规的规定，可以进行并罚。即可以对违法当事人进行罚款并拘留，罚款并吊销营业执照等。（3）当事人的一个违法行为违反多个法律规范时，当事人就损害了多个法益。此时如果多个法律条文都规定了罚款处罚，就需要依据条文的规定，按照罚款数额高的进行处罚，但仍然不能进行两次罚款。同时对于不同种类的处罚，需要一并处罚，即当事人违法行为在一个法律条文中规定为罚款，同时该行为在其他法律条文中规定需要拘留的，那么罚款和拘留就需要同时执行，此时并不违反"一事不再罚"原则。

◆ 第三十条　未成年人的行政处罚

不满十四周岁的未成年人有违法行为的，不予行政处罚，责令监护人加以管教；已满十四周岁不满十八周岁的未成年人有违法行为的，应当从轻或者减轻行政处罚。

名词解释

从轻处罚，是指在处罚幅度中，靠近低线给予处罚的制度。
减轻处罚，是指在处罚幅度中的低线以下给予处罚的制度。

实用问答

未成年人的父母或者其他监护人应当履行哪些监护职责？

答：根据《未成年人保护法》第 16 条的规定，未成年人的父母或者其他监护人应当履行下列监护职责：（1）为未成年人提供生活、健康、安全等方面的保障；(2) 关注未成年人的生理、心理状况和情感需求；(3) 教育和引导未成年人遵纪守法、勤俭节约，养成良好的思想品德和行为习惯；(4) 对未成年人进行安全教育，提高未成年人的自我保护意识和能力；(5) 尊重未成年人受教育的权利，保障适龄未成年人依法接受并完成义务教育；(6) 保障未成年人休息、娱乐和体育锻炼的时间，引导未成年人进行有益身心健康的活动；(7) 妥善管理和保护未成年人的财产；(8) 依法代理未成年人实施民事法律行为；(9) 预防和制止未成年人的不良行为和违法犯罪行为，并进行合理管教；(10) 其他应当履行的监护职责。

典型案例

刘某1与怀化市公安局鹤城分局、怀化市公安局行政管理案[①]

裁判要旨：一审法院和二审法院认为第三人系刚满14周岁的未成年人，损害后果轻微，应当坚持教育管理为主而决定支持行政机关的不予处罚决定。

◆ 第三十一条　精神状况异常及智力低下的人的行政处罚

精神病人、智力残疾人在<u>不能辨认或者不能控制自己行为时</u>有违法行为的，不予行政处罚，但<u>应当责令其监护人严加看管和治疗</u>。间歇性精神病人在精神正常时有违法行为的，应当给予行

[①] 参见湖南省怀化市中级人民法院（2020）湘12行终181号。

政处罚。尚未完全丧失辨认或者控制自己行为能力的精神病人、智力残疾人有违法行为的，可以从轻或者减轻行政处罚。

实用问答

精神病人在不能辨认或者不能控制自己行为时有违法行为的，应当如何处理？

答： 根据《公安机关办理行政案件程序规定》第158条的规定，精神病人在不能辨认或者不能控制自己行为时有违法行为的，不予行政处罚，但应当责令其监护人严加看管和治疗，并在不予行政处罚决定书中载明。间歇性精神病人在精神正常时有违法行为的，应当给予行政处罚。尚未完全丧失辨认或者控制自己行为能力的精神病人有违法行为的，应当予以行政处罚，但可以从轻或者减轻行政处罚。

典型案例

辽阳市水利局与张博水利行政管理非诉执行审查案[①]

裁判要旨： 精神残疾肆级者并不必然属于精神病人或者间歇性精神病人，要结合被执行人的违法行为当时的情况予以综合评价。

---

① 参见辽宁省辽阳市太子河区人民法院（2020）辽1011行审11号。

◆ **第三十二条　从轻或者减轻行政处罚**

当事人有下列情形之一，应当从轻或者减轻行政处罚：
（一）主动消除或者减轻违法行为危害后果的；
（二）受他人胁迫或者诱骗实施违法行为的；
（三）主动供述行政机关尚未掌握的违法行为的；
（四）配合行政机关查处违法行为有立功表现的；
（五）法律、法规、规章规定其他应当从轻或者减轻行政处罚的。

典型案例

丹东欣泰电气股份有限公司与中国证券监督管理委员会金融行政管理（金融）审查与审判监督案[①]

裁判要旨： 丹东欣泰电气股份有限公司虽然有配合中国证券监督管理委员会进行调查的行为，但并无证据证明其有立功表现的事实，不能适用《行政处罚法》规定的配合行政机关查处违法行为有立功表现，予以从轻或减轻行政处罚的情形。

◆ **第三十三条　免予处罚**

违法行为轻微并及时改正，没有造成危害后果的，不予行政

[①] 参见最高人民法院（2018）最高法行申 4640 号。

处罚。初次违法且危害后果轻微并及时改正的，可以不予行政处罚。

当事人有证据足以证明没有主观过错的，不予行政处罚。法律、行政法规另有规定的，从其规定。

对当事人的违法行为依法不予行政处罚的，行政机关应当对当事人进行教育。

名词解释

不予处罚，是指行政机关依照法律、法规的规定，考虑到有特殊情况的存在，对违法行为人作有违法行为的宣告，但免除其行政处罚。

典型案例

周某与大连市公安局西岗分局公安行政管理案[①]

裁判要旨：西岗分局在其作出的不予处罚决定书中认定了王开文用脚踢周某的事实之后，即根据《治安管理处罚法》第43条第2款第2项和第19条第1项，决定对王开文不予行政处罚，但是并未说明不予处罚的理由，并未说明王开文的行为为什么属于情节特别轻微，所以不符合不予行政处罚情形。

---

① 参见辽宁省高级人民法院（2020）辽行终1089号。

◆ 第三十四条　行政处罚裁量基准

行政机关可以依法制定<u>行政处罚裁量基准</u>，规范行使行政处罚裁量权。行政处罚裁量基准<u>应当向社会公布</u>。

📝 名词解释

<u>行政处罚裁量基准</u>，是指行政执法主体将法律规定的行政处罚裁量空间，根据过罚相当等原则并结合本地区社会经济发展状况以及执法范围等情况，细化为若干裁量格次，每个格次规定一定的量罚标准，并依据违法行为的性质、情节、社会危害程度和悔过态度，处以相对固定的处罚种类和量罚幅度，同时明确从轻或从重处罚的必要条件的一种执法规则。

📄 实用问答

公民、法人或者其他组织对行政机关行使法律、法规规定的自由裁量权作出的具体行政行为不服时应当怎么办？

答：根据《行政复议法实施条例》第40条的规定，公民、法人或者其他组织对行政机关行使法律、法规规定的自由裁量权作出的具体行政行为不服申请行政复议，申请人与被申请人在行政复议决定作出前自愿达成和解的，应当向行政复议机构提交书面和解协议；和解内容不损害社会公共利益和他人合法权益的，行政复议机构应当准许。

典型案例

施某与南通市公安局开发区分局等行政处罚案[1]

裁判要旨：江苏省公安厅通过对赌博违法案件量罚的细化，确定了治安处罚的基准，进而人民法院能在具体的案件中通过司法审查对被诉行政行为的合法性作出审查和判断。

◆ **第三十五条　刑罚的折抵**

违法行为构成犯罪，人民法院判处拘役或者有期徒刑时，行政机关已经给予当事人行政拘留的，应当<u>依法折抵相应刑期</u>。

违法行为构成犯罪，人民法院判处罚金时，行政机关已经给予当事人罚款的，应当<u>折抵相应罚金</u>；行政机关尚未给予当事人罚款的，不再给予罚款。

实用问答

对决定给予行政拘留处罚的人，在处罚前已经采取强制措施限制人身自由的，应当如何折抵？

答：根据《治安管理处罚法》第 92 条的规定，对决定给予行政拘留处罚的人，在处罚前已经采取强制措施限制人身自由的时间，应当折抵。限制人身自由 1 日，折抵行政拘留 1 日。

---

[1] 参见江苏省南通市中级人民法院（2016）苏 06 行终 55 号。

典型案例

李某、王某某内幕交易、泄露内幕信息案[①]

裁判要旨： 在判处罚金时，若行政机关已经给予当事人罚款，可折抵相应罚金。本案中李某、王某某实施的内幕交易行为被证监会决定处以15万元的罚款且已执行，人民法院可在后续的刑事审判中以此折抵二人的罚金刑。

◆ 第三十六条 行政处罚追责时效

违法行为在二年内未被发现的，不再给予行政处罚；涉及公民生命健康安全、金融安全且有危害后果的，上述期限延长至五年。法律另有规定的除外。

前款规定的期限，从违法行为发生之日起计算；违法行为有连续或者继续状态的，从行为终了之日起计算。

名词解释

行政处罚时效制度，是指行政机关对违反行政管理秩序的公民、法人或者其他组织追究行政责任、给予行政处罚的有效期限。

[①] 参见北京市高级人民法院（2020）京刑终55号。

实用问答

如何确认违法行为连续或继续状态？

答：根据《国务院法制办公室对湖北省人民政府法制办公室〈关于如何确认违法行为连续或继续状态的请示〉的复函》的规定，《行政处罚法》中规定的违法行为的连续状态，是指当事人基于同一个违法故意，连续实施数个独立的行政违法行为，并触犯同一个行政处罚规定的情形。

典型案例

大连高新技术产业园区龙王塘街道鲍鱼肚村民委员会与大连高新技术产业园区社会事业管理局资源行政管理案[1]

裁判要旨：非法占用土地的违法行为，在未恢复原状之前，应视为具有继续状态，其行政处罚的追责时效应从违法行为终了之日起计算。

◆ 第三十七条　从旧兼从轻原则

实施行政处罚，适用<u>违法行为发生时</u>的法律、法规、规章的规定。但是，作出行政处罚决定时，法律、法规、规章已被修改或者废止，且新的规定处罚较轻或者不认为是违法的，<u>适用新的规定</u>。

---

[1] 参见辽宁省大连市中级人民法院（2020）辽02行终536号。

实用问答

如何适用新法规定？

答：按照《关于审理行政案件适用法律规范问题的座谈会纪要》的有关规定，根据行政审判中的普遍认识和做法，行政相对人的行为发生在新法施行以前，具体行政行为作出在新法施行以后，人民法院审查具体行政行为的合法性时，实体问题适用旧法规定，程序问题适用新法规定，但下列情形除外：(1) 法律、法规或规章另有规定的；(2) 适用新法对保护行政相对人的合法权益更为有利的；(3) 按照具体行政行为的性质应当适用新法的实体规定的。

典型案例

宣懿成等与浙江省衢州市国土资源局收回国有土地使用权案[①]

裁判要旨： 行政机关作出具体行政行为时未引用具体法律条款，且在诉讼中不能证明该具体行政行为符合法律的具体规定，应当视为该具体行政行为没有法律依据。

◆ **第三十八条 无效的行政处罚**

行政处罚没有依据或者实施主体不具有行政主体资格的，行政处罚无效。

---

① 参见浙江省衢州市柯城区人民法院（2003）柯行初字第8号。

> 违反法定程序构成重大且明显违法的，行政处罚无效。

实用问答

1. 公民、法人或者其他组织起诉请求撤销行政行为或者确定行政行为无效的，人民法院应当如何处理？

答：根据《最高人民法院关于适用〈中华人民共和国行政诉讼法〉的解释》第94条的规定，公民、法人或者其他组织起诉请求撤销行政行为，人民法院经审查认为行政行为无效的，应当作出确认无效的判决。公民、法人或者其他组织起诉请求确认行政行为无效，人民法院审查认为行政行为不属于无效情形，经释明，原告请求撤销行政行为的，应当继续审理并依法作出相应判决；原告请求撤销行政行为但超过法定起诉期限的，裁定驳回起诉；原告拒绝变更诉讼请求的，判决驳回其诉讼请求。

2. 行政处罚不能成立与行政处罚无效是同一概念吗？

答：行政处罚不能成立与行政处罚无效是两组不同的概念。（1）行政处罚不能成立与行政处罚无效对当事人的效力不同，不能成立的行政处罚对当事人不发生法律效力；无效的行政处罚是行政处罚已经生效，但由于其违法，效力被否定。（2）构成行政处罚不能成立和行政处罚无效的具体原因不同，不能成立是基于未告知当事人作出行政处罚决定的事实、理由和依据，以及未听取当事人的陈述和申辩等；无效则因处罚主体超越职权、适用法律错误、主要证据不足等。

典型案例

俞飞与无锡市城市管理行政执法局城市管理行政处罚案[①]

裁判要旨：行政机关在送达行政处罚事先告知书、行政处罚决定书时应依照法定方式送达，否则不仅行政相对人陈述、申辩的权利可能被剥夺，而且行政处罚决定也未生效。当此情况下，行政处罚应以存在违反法定程序构成重大且明显违法情形被确认无效。

[①] 参见江苏省高级人民法院（2015）苏行申字第00566号。

第五章　行政处罚的决定

第一节　一般规定

◆ **第三十九条　行政处罚公示制度**

行政处罚的实施机关、立案依据、实施程序和救济渠道等信息应当公示。

名词解释

行政执法公示制度，是指执法机关依法及时主动向社会公开有关行政执法信息，行政执法人员在执法过程中要主动表明身份，接受社会监督的程序制度。

实用问答

1. 如何在事中执行行政执法公示制度？

答：根据《国务院办公厅关于全面推行行政执法公示制度执法全过程记录制度重大执法决定法制审核制度的指导意见》的有关规定，行政执法人员在进行监督检查、调查取证、采取强制措施和强制执行、送达执法文书等执法活动时，必须主动出示执法证件，向当事人和相关人员表明身份，鼓励采取佩戴执法证件的方式，执法全程公示执法身份；要出具行政执法文书，主动告知当事人执法事由、执法依据、权利义务等内容。国家规定统一着执法服装、佩戴执法标识的,执法时要按规定着装、佩戴标识。政务服务窗口要设置岗位信息公示牌,明示工作人员岗位职责、申请材料示范文本、办理进度查询、咨询服务、投诉举报等信息。

2. 如何在事后执行行政执法公示制度?

答: 根据《国务院办公厅关于全面推行行政执法公示制度执法全过程记录制度重大执法决定法制审核制度的指导意见》的有关规定,行政执法机关要在执法决定作出之日起20个工作日内,向社会公布执法机关、执法对象、执法类别、执法结论等信息,接受社会监督,行政许可、行政处罚的执法决定信息要在执法决定作出之日起7个工作日内公开,但法律、行政法规另有规定的除外。建立健全执法决定信息公开发布、撤销和更新机制。已公开的行政执法决定被依法撤销、确认违法或者要求重新作出的,应当及时从信息公示平台撤下原行政执法决定信息。建立行政执法统计年报制度,地方各级行政执法机关应当于每年1月31日前公开本机关上年度行政执法总体情况有关数据,并报本级人民政府和上级主管部门。

典型案例

上海金港经贸总公司与新疆维吾尔自治区工商行政管理局行政处罚案[1]

裁判要旨: 行政机关在作出行政处罚决定前,应当告知当事人违反法律、法规或者规章的事实和证据,行政处罚的种类和依据,以及当事人不服行政处罚决定,

---

[1] 参见最高人民法院(2005)行提字第1号。

申请行政复议或者提起行政诉讼的途径和期限等必要内容。行政机关出具罚款证明，既未告知当事人的违法事实，亦未告知适用的法律依据，因此作出的行政处罚违反法定程序。

◆ **第四十条　行政处罚的前提条件**

公民、法人或者其他组织违反行政管理秩序的行为，依法应当给予行政处罚的，行政机关必须查明事实；违法事实不清、证据不足的，不得给予行政处罚。

名词解释

行政违法行为，是指公民、法人或者其他组织违反法律、行政法规、地方性法规或者规章等规定，违反行政管理秩序，应由行政机关给予行政处罚的行为。

实用问答

治安案件调查结束后，公安机关应当如何处理？

答：根据《治安管理处罚法》第95条的规定，治安案件调查结束后，公安机关应当根据不同情况，分别作出以下处理：（1）确有依法应当给予治安管理处罚的违法行为的，根据情节轻重及具体情况，作出处罚决定；（2）依法不予处罚的，或者违法事实不能成立的，作出不予处罚决定；（3）违法行为已涉嫌犯罪的，移送主管机关依法追究刑事责任；（4）发现违反治安管理行为人有其他违法行为的，在对违反治安管理行为作出处罚决定的同时，通知有关行政主管部门处理。

典型案例

张向平与三亚市吉阳区综合行政执法局行政处罚案[①]

裁判要旨： 行政机关在行政处罚的调查过程中应尽到审慎审查的义务，对相对人提出的线索应当主动查明，在未查明事实的情况下错列或漏列行政相对人，属于查明事实不清，主要证据不足，据此作出的行政处罚应当被撤销。

◆ **第四十一条　电子监控设备的配置程序、内容审核、权利告知**

行政机关依照法律、行政法规规定利用电子技术监控设备收集、固定违法事实的，应当经过法制和技术审核，确保电子技术监控设备符合标准、设置合理、标志明显，设置地点应当向社会公布。

电子技术监控设备记录违法事实应当真实、清晰、完整、准确。行政机关应当审核记录内容是否符合要求；未经审核或者经审核不符合要求的，不得作为行政处罚的证据。

行政机关应当及时告知当事人违法事实，并采取信息化手段或者其他措施，为当事人查询、陈述和申辩提供便利。不得限制或者变相限制当事人享有的陈述权、申辩权。

[①] 参见海南省高级人民法院（2020）琼行再1号。

> 实用问答

交通技术监控设备收集违法行为记录资料后，公安机关交通管理部门应当如何处理？

答： 根据《道路交通安全违法行为处理程序规定》第 19 条和第 20 条的规定，交通技术监控设备收集违法行为记录资料后 5 日内，违法行为发生地公安机关交通管理部门应当对记录内容进行审核，经审核无误后录入道路交通违法信息管理系统，作为处罚违法行为的证据。交通技术监控设备记录的违法行为信息录入道路交通违法信息管理系统后当日，违法行为发生地和机动车登记地公安机关交通管理部门应当向社会提供查询。违法行为发生地公安机关交通管理部门应当在违法行为信息录入道路交通违法信息管理系统后 5 日内，按照机动车备案信息中的联系方式，通过移动互联网应用程序、手机短信或者邮寄等方式将违法时间、地点、事实通知违法行为人或者机动车所有人、管理人，并告知其在 30 日内接受处理。公安机关交通管理部门应当在违法行为人或者机动车所有人、管理人处理违法行为和交通事故、办理机动车或者驾驶证业务时，书面确认违法行为人或者机动车所有人、管理人的联系方式和法律文书送达方式，并告知其可以通过公安机关交通管理部门互联网站、移动互联网应用程序等方式备案或者变更联系方式、法律文书送达方式。

典型案例

申广林与晋城市公安局交通警察支队道路行政处罚案[①]

裁判要旨： 行政机关未提供交通技术监控设备检定合格手续、设置地点向社会公布凭证的，使用此类交通技术监控设备收集到的数据记录不得作为行政处罚的依据。

◆ **第四十二条 对行政执法人员的执法要求**

行政处罚应当由具有行政执法资格的执法人员实施。执法人员不得少于两人，法律另有规定的除外。

执法人员应当文明执法，尊重和保护当事人合法权益。

典型案例

杨洪与成都市公安局交通管理局第二分局行政处罚案[②]

裁判要旨：《交通警察道路执勤执法工作规范》第5条规定，交通协管员可以在交通警察指导下承担以下工作："（一）维护道路交通秩序，劝阻违法行为；（二）维护交通事故现场秩序，保护事故现场，抢救受

---

① 参见山西省高级人民法院（2013）晋行终字第13号。
② 参见四川省高级人民法院（2017）川行申224号。

伤人员；（三）进行交通安全宣传；（四）及时报告道路上的交通、治安情况和其他重要情况；（五）接受群众求助。交通协管员不得从事其他执法行为，不得对违法行为人作出行政处罚或者行政强制措施决定。"因此，交通协管员没有独立的执法资格，不得从事其他执法行为，更不得对违法行为人作出行政处罚。

◆ **第四十三条 行政执法人员回避制度**

> 执法人员与案件有直接利害关系或者有其他关系可能影响公正执法的，应当回避。
>
> 当事人认为执法人员与案件有直接利害关系或者有其他关系可能影响公正执法的，有权申请回避。
>
> 当事人提出回避申请的，行政机关应当<u>依法审查</u>，由行政机关负责人决定。<u>决定作出之前</u>，<u>不停止调查</u>。

名词解释

<u>行政回避制度</u>，是指行政主体或执法人员同其所处理的事务有利害关系时，或者有其他关系可能影响公正执法的，应另行指定其他行政主体或执法人员调查、处理该事务的制度。

典型案例

赵恩风与济南市公安局历城区分局治安行政处罚案[1]

裁判要旨：当行政执法人员既是行政处罚案件承办人，又是行

---

[1] 参见山东省济南市中级人民法院（2014）济行终字第27号。

政处罚案件的当事人时，可以认定执法人员与案件有直接利害关系。此时执法人员应当自行提出回避申请，其应该回避而未回避的，将导致作出的行政处罚决定程序违法。

◆ **第四十四条　行政机关的告知义务**

行政机关在作出行政处罚决定之前，应当告知当事人拟作出的行政处罚内容及事实、理由、依据，并告知当事人依法享有的陈述、申辩、要求听证等权利。

典型案例

黄泽富、何伯琼、何熠与四川省成都市金堂工商行政管理局行政处罚案[①]

裁判要旨： 当事人有了解行政机关给予行政处罚的违法事实、证据以及法律依据等情况的权利，行政机关对行政相对人作出没收较大数额涉案财产的行政处罚决定时，未告知当事人有要求举行听证的权利或者未依法举行听证的，人民法院应当认定该行政处罚决定违反法定程序。

---

① 参见四川省成都市中级人民法院（2006）成行终字第228号。

◆ **第四十五条　当事人的陈述权和申辩权**

当事人有权进行陈述和申辩。行政机关必须充分听取当事人的意见，对当事人提出的事实、理由和证据，应当进行复核；当事人提出的事实、理由或者证据成立的，行政机关应当采纳。

行政机关不得因当事人陈述、申辩而给予更重的处罚。

名词解释

陈述权，是指当事人就行政机关据以作出行政处罚所涉及的相关事实向行政机关进行陈述的权利。

申辩权，是指当事人对行政机关提出的对其不利的指控，依据其所掌握的证据、了解的事实并依据相关法律规定，向行政机关提出抗辩和反驳，以消灭或减轻行政机关对其不利的指控的权利。

实用问答

行政机关及其执法人员应当怎样保障当事人的陈述权、申辩权？

答：行政机关及其执法人员在保障当事人的陈述权、申辩权时应做到以下两点：（1）在告知程序中明确告知权利，可在告知书中特别提醒当事人应在一定期限内进行陈述或提交相应证据材料。若当事人口头陈述、申辩，执法人员应制作笔录，如实记录当事人意见，并由当事人签字确认。若当事人表示提交书面意见，应告知其提交书面意见的途径和接收方式。（2）对当事人的陈述、申辩意见进行实质性复核，全面核实当事人提出的事实、理由和证据是否成立。复核结束应出具书面意见，不予采纳当事人意见、证据的应说明理由。

典型案例

倪文革与上海市公安局静安分局交通警察支队行政处罚决定案①

裁判要旨： 行政机关在作出处罚之前，告知当事人拟作出行政处罚决定的事实、理由及依据，并听取当事人的陈述和申辩，是行政处罚的法定程序。行政处罚事先告知笔录的时间与作出处罚决定是在同一天的，当事人有理由怀疑行政机关是先对其作出了行政处罚决定，而后才对其进行告知。行政机关不能举证证明其在作出处罚决定之前告知并听取当事人陈述和申辩的，该行政处罚行为因程序违法而应予以撤销。

汉寿县肖家湾环保砖厂与湖南省汉寿县人民政府取缔关闭砖厂行政处罚、强制拆除砖厂行政强制执行及行政赔偿案②

裁判要旨： 在行政处罚程序中，行政机关没有证据证明其在行政处罚过程中听取当事人的陈述、申辩，也没有证据证明其告知当事人申请行政复议、提起行政诉讼的权利和期限的，应认定该行政处罚违反法定程序，应予撤销或确认违法。

---

① 参见上海市第二中级人民法院（2001）沪二中行终字第62号。
② 参见最高人民法院（2019）最高法行申10067号。

◆ 第四十六条 证据的种类及适用规则

证据包括：

（一）书证；

（二）物证；

（三）视听资料；

（四）电子数据；

（五）证人证言；

（六）当事人的陈述；

（七）鉴定意见；

（八）勘验笔录、现场笔录。

证据必须经查证属实，方可作为认定案件事实的根据。

以非法手段取得的证据，不得作为认定案件事实的根据。

名词解释

行政处罚证据，是指能够证明行政违法案件真实情况的客观事实。

书证，是指以文字、符号、图形所记录或者表达的思想内容，证明案件事实的书面材料。

物证，是指用外形、特征、质量、属性等说明部分或者全部的案件事实的物品。

视听资料，是指运用录音、录像等科学技术手段记录下来的音像资料。

电子数据，是指以数字化形式存储、处理、传输的数据。

证人证言，是指证人以口头或者书面方式就自己所了解的案件事实向行政机关作出的陈述。

当事人的陈述，是指当事人就自己所经历的案件事实，向执法人员所作的叙述。

鉴定意见，是指鉴定机构或者人民法院指定具有专门知识或者技能的人，对行政案件中出现的专门性问题，通过分析、检验、鉴别等方式作出的书面意见。

勘验笔录，是指执法人员对能够证明案件事实的物证就地进行分析、检验、勘查后作出的记录。

现场笔录，是指行政机关对行政违法行为当场处理而制作的书面材料。

实用问答

哪些证据是以非法手段取得的证据？

答：根据《最高人民法院关于适用〈中华人民共和国行政诉讼法〉的解释》第43条的规定，具有下列情形之一的，应认定为"以非法手段取得的证据"：（1）严重违反法定程序收集的证据材料；（2）以违反法律强制性规定的手段获取且侵害他人合法权益的证据材料；（3）以利诱、欺诈、胁迫、暴力等手段获取的证据材料。

◆ 第四十七条 行政执法全过程记录制度

行政机关应当依法以文字、音像等形式，对行政处罚的启动、调查取证、审核、决定、送达、执行等进行全过程记录，归档保存。

名词解释

行政执法全过程记录制度，是指行政机关依法通过文字、音像等形式，对行政执法过程中执法程序启动、调查取证、审核、决定、送达、执行等全过程进行跟踪记录，实时留痕，并全面系统归档保存，做到执法全过程留痕和可回溯管理的制度。

实用问答

应当如何全面推行行政执法全过程记录制度？

答：根据《国务院办公厅关于全面推行行政执法公示制度执法全过程记录制度重大执法决定法制审核制度的指导意见》的有关规定，行政执法机关要通过文字、音像等记录形式，对行政执法的启动、调查取证、审核决定、送达执行等全部过程进行记录，并全面系统归档保存，做到执法全过程留痕和可回溯管理。

（1）完善文字记录。文字记录是以纸质文件或电子文件形式对行政执法活动进行全过程记录的方式。要研究制定执法规范用语和执法文书制作指引，规范行政执法的重要事项和关键环节，做到文字记录合法规范、客观全面、及时准确。司法部负责制定统一的行政执法文书基本格式标准，国务院有关部门可以参照该标准，结合本部门执法实际，制定本部门、本系统统一适用的行政执法文书格式文本。地方各级人民政府可以在行政执法文书基本格式标准基础上，参考国务院部门行政执法文书格式，结合本地实际，完善有关文书格式。

（2）规范音像记录。音像记录是通过照相机、录音机、摄像机、执法记录仪、视频监控等记录设备，实时对行政执法过程进行记录的方式。各级行政执法机关要根据行政执法行为的不同类别、阶段、环节，采用相应音像记录形式，充分发挥音像记录直观有力的证据作用、规范执法的监督作用、依法履职的保障作用。要做好音像记录与文字记录的衔接工作，充分考虑音像记录方式的必要性、适当性和实效性，对文字记录能够全面有效记录执法行为的，可以不进行音像记录；对查封扣押财产、强制拆除等直接涉及人身自由、生命健康、重大财产权益的现场执法活动和执法办案场所，要推行全程音像记录；对现场执法、调查取证、举行听证、留置送达和公告送达等容易引发争议的行政执法过程，要根据实际情况进行音像记录。要建立健全执法音像记录管理制度，明确执法音像记录的设备配备、使用规范、记录要素、存储应用、监督管理等要求。研究制定执法行为用语指引，指导执法人员规范文明开展音像记录。配备音像记录设备、建设询问室和听证室等音像记录场所，要按照工作必需、厉行节约、性能适度、安全稳定、适量够用的原则，结合本地区经济发展水平和本部门执法具体情况确定，不搞"一刀切"。

（3）严格记录归档。要完善执法案卷管理制度，加强对执法台账和法律文书的制作、使用、管理，按照有关法律法规和档案管理规定归档保存执法全过程记录资料，确保所有行政执法行为有据可查。对涉及国家秘密、商业秘密、个人隐私的记录资料，归档时要严格执行国家有关规定。积极探索成本低、效果好、易保存、防删改的信息化记录储存方式，通过技术手段对同一执法对象的文字记录、音像记录进行集中储存。建立健全基于互联网、电子认证、电子签章的行政执法全过程数据化记录工作机制，形成业务流程清晰、数据链条完整、数据安全有保障的数字化记录信息归档管理制度。

（4）发挥记录作用。要充分发挥全过程记录信息对案卷评查、执法监督、评议考核、舆情应对、行政决策和健全社会信用体系等工作的积极作用，善于通过统计分析记录资料信息，发现行政执法薄弱环节，改进行政执法工作，依法公正维护执法人员和行政相对人的合法权益。建立健全记录信息调阅监督制度，做到可实时调阅，切实加强监督，确保行政执法文字记录、音像记录规范、合法、有效。

典型案例

陈莉与徐州市泉山区城市管理局行政处罚案[①]

裁判要旨： 行政处罚关系相对人权利的减损或义务的增加，所以应当合法合情地作出决定。行政机关应当通过文字或音像等形式记录处罚全过程并归档保存，确保所有执法行为有据可查。

◆ 第四十八条　行政处罚决定信息公开

具有一定社会影响的行政处罚决定应当依法公开。

公开的行政处罚决定被依法变更、撤销、确认违法或者确认无效的，行政机关应当在三日内撤回行政处罚决定信息并公开说明理由。

实用问答

行政机关应当主动公开哪些政府信息？

答：根据《政府信息公开条例》第 20 条的规定，行政机关应当依照该条例第 19 条的规定，主动公开本行政机关的下列政府信息：（1）行政法规、规章和规范性文件；（2）机关职能、机构设置、办公地址、办公时间、联系方式、负责人姓名；（3）国民经济和社会发展规划、专项规划、区域规划及相关政策；（4）国民经济和社会发展统计信息；（5）办理行政许可和其他对外管理服务事项的依据、

---

① 参见《最高人民法院公报》2003 年第 6 期。

条件、程序以及办理结果；（6）实施行政处罚、行政强制的依据、条件、程序以及本行政机关认为具有一定社会影响的行政处罚决定；（7）财政预算、决算信息；（8）行政事业性收费项目及其依据、标准；（9）政府集中采购项目的目录、标准及实施情况；（10）重大建设项目的批准和实施情况；（11）扶贫、教育、医疗、社会保障、促进就业等方面的政策、措施及其实施情况；（12）突发公共事件的应急预案、预警信息及应对情况；（13）环境保护、公共卫生、安全生产、食品药品、产品质量的监督检查情况；（14）公务员招考的职位、名额、报考条件等事项以及录用结果；（15）法律、法规、规章和国家有关规定规定应当主动公开的其他政府信息。

◆ **第四十九条　重大突发事件从快处理、从重处罚**

发生重大传染病疫情等突发事件，为了控制、减轻和消除突发事件引起的社会危害，行政机关对违反突发事件应对措施的行为，依法快速、从重处罚。

名词解释

应急状态，是指由自然灾害、事故灾难、公共卫生事件和社会安全事件等突发事件，引发全国或一定范围内的混乱和危害，使国家和政府部门必须紧急应对处置的状态。

从快处理，是指在行政执法工作中，对与重大传染病疫情等突发事件有关的违法案件要优先加快处理，尽力缩短案件办理时间，切实提高办案效率。

从重处罚，是指对违反重大传染病疫情等突发事件管理秩序的违法行为，考虑到其特殊危害性，在依法可以选择的处罚种类和处罚幅度内，适用较重、较多的处罚种类或者较高的处罚幅度。

典型案例

邓军生与中山市公安局、中山市人民政府
行政处罚决定及行政复议决定案[①]

裁判要旨： 在发生重大传染病疫情期间，对于事实清楚、情节严重的违法行为可依法快速、从重作出行政处罚。

◆ **第五十条　保护国家秘密、商业秘密或者个人隐私义务**

行政机关及其工作人员对实施行政处罚过程中知悉的国家秘密、商业秘密或者个人隐私，应当依法予以保密。

名词解释

国家秘密，是指关系国家安全和利益，依照法定程序确定，在一定时间内只限一定范围人员知悉的事项。

商业秘密，是指不为公众所知悉，能为权利人带来经济利益，具有实用性并经权利人采取保密措施的技术信息和经营信息。

个人隐私，是指个人生活中不愿公开或者不愿为他人知悉的秘密或个人信息。

---

① 参见广东省中山市第一人民法院（2020）粤 2071 行初 311 号。

典型案例

**杨志龙与曲靖市麒麟区市场监督管理局
质量监督检验检疫行政管理案**①

裁判要旨：行政处罚决定书可能涉及行政相对人的商业秘密或者个人隐私，甚至可能是国家秘密，因此行政机关在决定公开前应当对行政处罚决定书进行必要的审查，否则，可能造成依法不能公开的政府信息予以公开，将可能承担法律责任。

第二节　简　易　程　序

◆ 第五十一条　行政机关当场处罚

违法事实确凿并有法定依据，对公民处以二百元以下、对法人或者其他组织处以三千元以下罚款或者警告的行政处罚的，可以当场作出行政处罚决定。法律另有规定的，从其规定。

名词解释

当场处罚，是指行政机关适用简易程序，对事实清楚、情节简单、后果轻微的行政违法行为给予当场处罚的行政行为。

---

① 参见云南省曲靖市中级人民法院（2018）云 03 行终 43 号。

典型案例

廖宗荣与重庆市公安局交通管理局
第二支队道路交通管理行政处罚决定案[①]

裁判要旨：当场给予行政相对人罚款 200 元的行政处罚时，可以适用简易程序，由一名交通警察实施。

◆ **第五十二条　行政机关当场处罚需履行法定手续**

执法人员当场作出行政处罚决定的，应当向当事人出示执法证件，填写预定格式、编有号码的行政处罚决定书，并当场交付当事人。当事人拒绝签收的，应当在行政处罚决定书上注明。

前款规定的行政处罚决定书应当载明当事人的违法行为、行政处罚的种类和依据、罚款数额、时间、地点，申请行政复议、提起行政诉讼的途径和期限以及行政机关名称，并由执法人员签名或者盖章。

执法人员当场作出的行政处罚决定，应当报所属行政机关备案。

---

① 参见《最高人民法院公报》2007 年第 1 期。

实用问答

人民警察应当如何当场作出治安管理处罚决定?

答: 根据《治安管理处罚法》第 101 条的规定,当场作出治安管理处罚决定的,人民警察应当向违反治安管理行为人出示工作证件,并填写处罚决定书。处罚决定书应当当场交付被处罚人;有被侵害人的,并将决定书副本抄送被侵害人。前述规定的处罚决定书,应当载明被处罚人的姓名、违法行为、处罚依据、罚款数额、时间、地点以及公安机关名称,并由经办的人民警察签名或者盖章。当场作出治安管理处罚决定的,经办的人民警察应当在 24 小时内报所属公安机关备案。

典型案例

满秋云与黑龙江省建三江农垦公安局
扣押车辆及行政赔偿纠纷案[①]

裁判要旨: 行政机关在当场处罚的过程中,既未出示执法身份证件又未出具书面处罚决定,即扣押车辆并且口头罚款,违反了行政处罚法定程序。

◆ **第五十三条 行政机关当场处罚履行方式**

对当场作出的行政处罚决定,当事人应当依照本法第六十七条至第六十九条的规定履行。

[①] 参见最高人民法院（2014）行监字第 21 号。

第三节　普通程序

◆ **第五十四条　处罚前调查取证程序**

除本法第五十一条规定的可以当场作出的行政处罚外，行政机关发现公民、法人或者其他组织有依法应当给予行政处罚的行为的，必须全面、客观、公正地调查，收集有关证据；必要时，依照法律、法规的规定，可以进行检查。

符合立案标准的，行政机关应当及时立案。

典型案例

张向平与三亚市吉阳区综合行政执法局行政处罚案[1]

裁判要旨： 行政机关在作出行政处罚前，应当全面履行调查取证职责，对当事人提出的异议应仔细记录，询问核实，充分听取当事人的意见，全面、客观、公正地收集证据并调查核实，视情况要求当事人提供相关证明材料，经调查后违法事实仍不清的，不得给予行政处罚。

◆ **第五十五条　执法人员调查中应出示证件及调查对象配合义务**

执法人员在调查或者进行检查时，应当主动向当事人或者有

---

[1] 参见海南省高级人民法院（2020）琼行再1号。

关人员出示执法证件。当事人或者有关人员有权要求执法人员出示执法证件。执法人员不出示执法证件的，当事人或者有关人员有权拒绝接受调查或者检查。

　　当事人或者有关人员应当如实回答询问，并协助调查或者检查，不得拒绝或者阻挠。询问或者检查应当制作笔录。

典型案例

王国起与中国电信集团公司邯郸市分公司陵西大街营业厅、河北省邯郸市知识产权局专利行政处理纠纷案①

　　裁判要旨：管理专利工作的部门调查收集证据应当制作笔录。笔录应当由执法人员、被调查的单位或者个人签名或者盖章。被调查的单位或者个人拒绝签名或者盖章的，执法人员应在笔录上注明。被调查的单位或者个人拒绝签名或者盖章，执法人员未将此情况在笔录上注明的，该调查笔录不能成为作出行政处罚决定的依据。

◆ 第五十六条　取证方法和程序

　　行政机关在收集证据时，可以采取抽样取证的方法；在证据可能灭失或者以后难以取得的情况下，经行政机关负责人批准，可以先行登记保存，并应当在七日内及时作出处理决定，在此期间，当事人或者有关人员不得销毁或者转移证据。

――――――――

① 参见最高人民法院（2017）最高法行申7302号。

📋 **实用问答**

规范抽样取证的程序和方式需注意哪些问题？

答：规范抽样取证的程序和方式需注意以下问题：（1）抽样取证的实施机关，除法律、法规和规章另有规定外，必须由执法机关实施；（2）抽样取证的方式，对抽样机构或者方式有规定的，应当委托相关机构或者按规定方式抽取样品；（3）抽样取证现场应有当事人参加；（4）听取抽样取证当事人的陈述和意见；（5）执法人员应制作抽样记录、物品清单并对相关样品等加贴封条；（6）执法人员、当事人应在封条和相关记录上签字或盖章，当事人拒绝签字或盖章的，不影响抽样取证的效力。

◆ **第五十七条 处罚决定**

调查终结，行政机关负责人应当对调查结果进行审查，根据不同情况，分别作出如下决定：

（一）确有应受行政处罚的违法行为的，根据情节轻重及具体情况，作出行政处罚决定；

（二）违法行为轻微，依法可以不予行政处罚的，不予行政处罚；

（三）违法事实不能成立的，不予行政处罚；

（四）违法行为涉嫌犯罪的，移送司法机关。

对情节复杂或者重大违法行为给予行政处罚，行政机关负责人应当集体讨论决定。

📝 **名词解释**

集体决定制度，是指行政机关对于情节复杂或者重大违法行为给予行政处罚，必须经过行政机关负责人的集体讨论的程序制度。

◆ **第五十八条　重大执法决定法制审核制度**

有下列情形之一，在行政机关负责人作出行政处罚的决定之前，应当由从事行政处罚决定法制审核的人员进行法制审核；未经法制审核或者审核未通过的，不得作出决定：

（一）涉及重大公共利益的；

（二）直接关系当事人或者第三人重大权益，经过听证程序的；

（三）案件情况疑难复杂、涉及多个法律关系的；

（四）法律、法规规定应当进行法制审核的其他情形。

行政机关中初次从事行政处罚决定法制审核的人员，应当通过国家统一法律职业资格考试取得法律职业资格。

📝 **名词解释**

重大执法决定法制审核制度，是指要求执法机关在作出重大执法决定之前，必须进行法制审核的程序制度。

📖 **实用问答**

1. 应当如何全面推行重大执法决定法制审核制度？

答：根据《国务院办公厅关于全面推行行政执法公示制度执法全过程记录制度重大执法决定法制审核制度的指导意见》的有关规

定，行政执法机关作出重大执法决定前，要严格进行法制审核，未经法制审核或者审核未通过的，不得作出决定。

（1）明确审核机构。各级行政执法机关要明确具体负责本单位重大执法决定法制审核的工作机构，确保法制审核工作有机构承担、有专人负责。加强法制审核队伍的正规化、专业化、职业化建设，把政治素质高、业务能力强、具有法律专业背景的人员调整充实到法制审核岗位，配强工作力量，使法制审核人员的配置与形势任务相适应，原则上各级行政执法机关的法制审核人员不少于本单位执法人员总数的5%。要充分发挥法律顾问、公职律师在法制审核工作中的作用，特别是针对基层存在的法制审核专业人员数量不足、分布不均等问题，探索建立健全本系统内法律顾问、公职律师统筹调用机制，实现法律专业人才资源共享。

（2）明确审核范围。凡涉及重大公共利益，可能造成重大社会影响或引发社会风险，直接关系行政相对人或第三人重大权益，经过听证程序作出行政执法决定，以及案件情况疑难复杂、涉及多个法律关系的，都要进行法制审核。各级行政执法机关要结合本机关行政执法行为的类别、执法层级、所属领域、涉案金额等因素，制定重大执法决定法制审核目录清单。上级行政执法机关要对下一级执法机关重大执法决定法制审核目录清单编制工作加强指导，明确重大执法决定事项的标准。

（3）明确审核内容。要严格审核行政执法主体是否合法，行政执法人员是否具备执法资格；行政执法程序是否合法；案件事实是否清楚，证据是否合法充分；适用法律、法规、规章是否准确，裁量基准运用是否适当；执法是否超越执法机关法定权限；行政执法文书是否完备、规范；违法行为是否涉嫌犯罪、需要移送司法机关等。法制审核机构完成审核后，要根据不同情形，提出同意或者存在问题的书面审核意见。行政执法承办机构要对法制审核机构提出的存在问题的审核意见进行研究，作出相应处理后再次报送法制审核。

（4）明确审核责任。行政执法机关主要负责人是推动落实本机关重大执法决定法制审核制度的第一责任人，对本机关作出的行政执法决定负责。要结合实际，确定法制审核流程，明确送审材料报送要求和审核的方式、时限、责任，建立健全法制审核机构与行政执法承办机构对审核意见不一致时的协调机制。行政执法承办机构对送审材料的真实性、准确性、完整性，以及执法的事实、证据、法律适用、程序的合法性负责。法制审核机构对重大执法决定的法制审核意见负责。因行政执法承办机构的承办人员、负责法制审核的人员和审批行政执法决定的负责人滥用职权、玩忽职守、徇私枉法等，导致行政执法决定错误，要依纪依法追究相关人员责任。

2. 哪些人员需要取得法律职业资格？

答：根据《国家统一法律职业资格考试实施办法》第2条第2款和第3款的规定，初任法官、初任检察官、申请律师执业、公证员执业和初次担任法律类仲裁员，以及行政机关中初次从事行政处罚决定审核、行政复议、行政裁决、法律顾问的公务员，应当通过国家统一法律职业资格考试，取得法律职业资格。法律、行政法规另有规定的除外。

典型案例

高青县华美家具店与淄博市生态环境局 高青分局环境管理行政处罚案[①]

裁判要旨： 行政机关提供任职证明等证据，证明参与行政处罚的法制审核人员在 2018 年 1 月 1 日前已从事法制审核工作的，不应被认定为违反法定程序。

◆ **第五十九条　行政处罚决定书的制作和内容**

行政机关依照本法第五十七条的规定给予行政处罚，应当制作行政处罚决定书。行政处罚决定书应当载明下列事项：

（一）当事人的姓名或者名称、地址；

（二）违反法律、法规、规章的事实和证据；

（三）行政处罚的种类和依据；

（四）行政处罚的履行方式和期限；

（五）申请行政复议、提起行政诉讼的途径和期限；

（六）作出行政处罚决定的行政机关名称和作出决定的日期。

行政处罚决定书必须盖有作出行政处罚决定的行政机关的印章。

[①] 参见山东省淄博市中级人民法院（2019）鲁 03 行终 85 号。

典型案例

胡太荣与赣州市章贡区人民政府
房屋拆迁行政强制案[1]

裁判要旨： 行政机关作出处罚决定书时，务必履行对行政相对人救济性权利的告知义务，避免侵害相对人的程序权利，更不能损害其行使实体权利。

◆ 第六十条　行政处罚期限

行政机关应当自行政处罚案件立案之日起九十日内作出行政处罚决定。法律、法规、规章另有规定的，从其规定。

名词解释

行政处罚期限，是指从立案之日起到作出行政处罚决定的期间。

典型案例

潘某泉与江苏省新沂市公安局治安行政处罚案[2]

裁判要旨： 对于相对人赌博行为应当给予行政处罚，但行政机

---

[1] 参见江西省高级人民法院（2019）赣行终460号。
[2] 参见江苏省徐州市中级人民法院（2008）徐行终字第170号。

关应当遵守法定办案期限。行政机关在无正当理由的情况下，超出法定期限对相对人作出行政处罚，违反法定程序，属于滥用职权，该行政处罚决定应予撤销。

◆ **第六十一条　行政处罚决定书的送达**

行政处罚决定书应当在宣告后当场交付当事人；当事人不在场的，行政机关应当在七日内依照《中华人民共和国民事诉讼法》的有关规定，将行政处罚决定书送达当事人。

当事人同意并签订确认书的，行政机关可以采用传真、电子邮件等方式，将行政处罚决定书等送达当事人。

名词解释

行政处罚决定书的送达，是指行政机关按照法定程序和方式将行政处罚决定书送交给当事人的行为。

实用问答

在使用电子送达时需要严格遵守哪些程序？

答：在使用电子送达时需要严格遵守以下程序：（1）对于电子送达存在的一些安全隐患，行政机关应该主动进行阐述，避免因电子送达出现故障而引发其他问题；（2）要明确使用电子送达需要满足的一些条件，以及可以使用这种方式的范围，将不适合采用这种送达方式的当事人排除在外；（3）对于适合用电子送达的当事人，在征得当事人同意之后方可进行电子送达。

典型案例

俞飞与无锡市城市管理行政执法局行政处罚案[①]

裁判要旨： 行政机关以张贴的方式，将行政处罚事先告知书、行政处罚决定书送达原告。行政机关未按照法律规定的方式送达，致使行政相对人陈述、申辩的权利被剥夺。故送达方式不合法，不能视为送达。

◆ **第六十二条　不得做出行政处罚决定的情形**

行政机关及其执法人员在作出行政处罚决定之前，未依照本法第四十四条、第四十五条的规定向当事人告知拟作出的行政处罚内容及事实、理由、依据，或者拒绝听取当事人的陈述、申辩，不得作出行政处罚决定；当事人明确放弃陈述或者申辩权利的除外。

---

① 参见江苏省无锡市中级人民法院（2010）锡行终字第43号。

典型案例

格尔木市自然资源局、格尔木市人民政府与格尔木锦熙丰餐饮管理有限公司土地行政处罚及行政复议案[①]

裁判要旨： 行政机关在作出行政处罚决定之前，应当履行法定的程序。一是全面、客观、公正地调查、收集证据；二是告知行政相对人作出行政处罚决定的事实、理由及依据，并告知相对人依法享有的权利；三是听取相对人的意见，若意见成立应当采纳；四是经调查，确有应受行政处罚的违法行为的，根据情节轻重及具体情况，作出行政处罚决定。按照此程序作出的行政处罚决定才能成立。

第四节 听证程序

◆ 第六十三条　行政处罚听证程序的适用范围

行政机关拟作出下列行政处罚决定，应当告知当事人有要求听证的权利，当事人要求听证的，行政机关应当组织听证：

（一）较大数额罚款；
（二）没收较大数额违法所得、没收较大价值非法财物；
（三）降低资质等级、吊销许可证件；
（四）责令停产停业、责令关闭、限制从业；

---

① 参见青海省高级人民法院（2020）青行终49号。

（五）其他较重的行政处罚；

（六）法律、法规、规章规定的其他情形。

当事人不承担行政机关组织听证的费用。

典型案例

成都市金堂工商行政管理局与黄泽富、何伯琼、何熠工商行政处罚案①

裁判要旨：拟作出行政处罚决定之前，未依法告知当事人有要求举行听证的权利或者未依法举行听证的，属于程序违法，应予以撤销。

◆ 第六十四条　行政处罚的听证程序

听证应当依照以下程序组织：

（一）当事人要求听证的，应当在行政机关告知后五日内提出；

（二）行政机关应当在举行听证的七日前，通知当事人及有关人员听证的时间、地点；

（三）除涉及国家秘密、商业秘密或者个人隐私依法予以保密外，听证公开举行；

（四）听证由行政机关指定的非本案调查人员主持；当事人

---

① 参见四川省成都市中级人民法院（2006）成行终字第228号。

认为主持人与本案有直接利害关系的，有权申请回避；

（五）当事人可以亲自参加听证，也可以委托一至二人代理；

（六）当事人及其代理人无正当理由拒不出席听证或者未经许可中途退出听证的，视为放弃听证权利，行政机关终止听证；

（七）举行听证时，调查人员提出当事人违法的事实、证据和行政处罚建议，当事人进行申辩和质证；

（八）听证应当制作笔录。笔录应当交当事人或者其代理人核对无误后签字或者盖章。当事人或者其代理人拒绝签字或者盖章的，由听证主持人在笔录中注明。

名词解释

听证，是指行政处罚主体在作出行政处罚决定之前，在非本案调查人员的主持下，举行由该案的调查人员和拟被行政处罚的当事人参加的，供当事人陈述、申辩以及与调查人员辩论的听证会。

◆ **第六十五条　听证笔录及处罚决定**

听证结束后，行政机关应当根据听证笔录，依照本法第五十七条的规定，作出决定。

第六章 行政处罚的执行

◆ **第六十六条 履行期限**

行政处罚决定依法作出后,当事人应当在行政处罚决定书载明的期限内,予以履行。

当事人确有经济困难,需要延期或者分期缴纳罚款的,经当事人申请和行政机关批准,可以暂缓或者分期缴纳。

实用问答

当事人逾期不履行行政处罚的,作出行政处罚决定的安全监管监察部门可以采取哪些措施?

答:根据《安全生产违法行为行政处罚办法》第59条的规定,行政处罚决定依法作出后,当事人应当在行政处罚决定的期限内,予以履行;当事人逾期不履行的,作出行政处罚决定的安全监管监察部门可以采取下列措施:(1)到期不缴纳罚款的,每日按罚款数额的3%加处罚款,但不得超过罚款数额;(2)根据法律规定,将查封、扣押的设施、设备、器材和危险物品拍卖所得价款抵缴罚款;(3)申请人民法院强制执行。当事人对行政处罚决定不服申请行政复议或者提起行政诉讼的,行政处罚不停止执行,法律另有规定的除外。

> **典型案例**

刘应礼与庆元县公安局行政处罚案[1]

裁判要旨： 被处罚人可以申请暂缓履行行政处罚决定书确定的义务，但应当依照法定程序提出申请并经行政机关批准。

◆ 第六十七条　罚缴分离原则

作出罚款决定的行政机关应当与收缴罚款的机构分离。

除依照本法第六十八条、第六十九条的规定当场收缴的罚款外，作出行政处罚决定的行政机关及其执法人员不得自行收缴罚款。

当事人应当自收到行政处罚决定书之日起十五日内，到指定的银行或者通过电子支付系统缴纳罚款。银行应当收受罚款，并将罚款直接上缴国库。

---

[1] 参见浙江省丽水市中级人民法院（2001）丽中行终字第38号。

典型案例

雷喜东诉伊通满族自治县公安局二道派出所及曹海军、单丽云治安行政处罚案[1]

裁判要旨：《治安管理处罚法》第 91 条规定："治安管理处罚由县级以上人民政府公安机关决定；其中警告、五百元以下的罚款可以由公安派出所决定。"但根据《行政处罚法》的有关规定，除法定情形外，作出行政处罚决定的行政机关及其执法人员不得自行收缴罚款。

◆ 第六十八条 当场收缴罚款情形

依照本法第五十一条的规定当场作出行政处罚决定，有下列情形之一，执法人员可以当场收缴罚款：
（一）依法给予一百元以下罚款的；
（二）不当场收缴事后难以执行的。

实用问答

当场罚款和当场收缴罚款有什么区别？

答：当场罚款是对当事人当场作出处以一定数额罚款的行政处罚决定；当场收缴罚款是对罚款决定机关与收缴罚款机构相分离原则的一种例外规定，是对罚款行政处罚决定的一种执行措施。按照《行政处罚法》的规定，两种情形下执法人员可以适用当场收缴罚

---

[1] 参见吉林省高级人民法院（2020）吉行申 306 号。

款。《行政处罚法》对当场罚款和当场收缴罚款的法律定义、适用条件、程序要求等方面均存在不同的规定，但这只是概括性原则性规定，有关单行法律、行政法规和规章对其适用条件和程序要求作出了具体的规定，以便相关执法机关合法合理执行。例如，《治安管理处罚法》第 100 条规定，违反治安管理行为事实清楚，证据确凿，处警告或者 200 元以下罚款的，可以当场作出治安管理处罚决定。第 104 条中规定，有下列情形之一的，人民警察可以当场收缴罚款：（1）被处 50 元以下罚款，被处罚人对罚款无异议的；（2）在边远、水上、交通不便地区，公安机关及其人民警察依照《治安管理处罚法》的规定作出罚款决定后，被处罚人向指定的银行缴纳罚款确有困难，经被处罚人提出的；（3）被处罚人在当地没有固定住所，不当场收缴事后难以执行的。结合上述内容，可以更加清晰地理解和适用当场罚款和当场收缴罚款的法律规定。

◆ **第六十九条　边远地区当场收缴罚款**

在边远、水上、交通不便地区，行政机关及其执法人员依照本法第五十一条、第五十七条的规定作出罚款决定后，当事人到指定的银行或者通过电子支付系统缴纳罚款确有困难，经当事人提出，行政机关及其执法人员可以当场收缴罚款。

◆ **第七十条　罚款收据**

行政机关及其执法人员当场收缴罚款的，必须向当事人出具国务院财政部门或者省、自治区、直辖市人民政府财政部门统一制发的专用票据；不出具财政部门统一制发的专用票据的，当事人有权拒绝缴纳罚款。

◆ **第七十一条 当场收缴罚款的上缴程序**

执法人员当场收缴的罚款,应当自收缴罚款之日起二日内,交至行政机关;在水上当场收缴的罚款,应当自抵岸之日起二日内交至行政机关;行政机关应当在二日内将罚款缴付指定的银行。

◆ **第七十二条 执行措施**

当事人逾期不履行行政处罚决定的,作出行政处罚决定的行政机关可以采取下列措施:

(一)到期不缴纳罚款的,每日按罚款数额的百分之三加处罚款,加处罚款的数额不得超出罚款的数额;

(二)根据法律规定,将查封、扣押的财物拍卖、依法处理或者将冻结的存款、汇款划拨抵缴罚款;

(三)根据法律规定,采取其他行政强制执行方式;

(四)依照《中华人民共和国行政强制法》的规定申请人民法院强制执行。

行政机关批准延期、分期缴纳罚款的,申请人民法院强制执行的期限,自暂缓或者分期缴纳罚款期限结束之日起计算。

名词解释

行政机关强制执行,是指在行政机关依法作出行政处罚决定后,如果当事人在行政处罚决定规定的期限内不依法履行义务,为实现行政处罚决定而采取的强制措施。

典型案例

广州迅兴建筑工程有限公司与湘西自治州
工商行政管理局行政强制执行案[①]

裁判要旨：行政机关在作出处罚决定之后，针对相对人逾期履行或者不履行的情况，需要有相应的执行措施来保障处罚决定的落实以维护法律权威。在没有相对人自愿履行的情况下，通过相关部门协助扣划罚款的行为就属于典型的行政强制执行行为。

◆ 第七十三条　复议、诉讼期间行政处罚不停止执行

当事人对行政处罚决定不服，申请行政复议或者提起行政诉讼的，**行政处罚不停止执行**，法律另有规定的除外。

当事人对限制人身自由的行政处罚决定不服，申请行政复议或者提起行政诉讼的，可以向作出决定的机关提出**暂缓执行申请**。符合法律规定情形的，应当暂缓执行。

当事人申请行政复议或者提起行政诉讼的，加处罚款的数额在行政复议或者行政诉讼期间不予计算。

实用问答

1. 在哪些情形下，行政复议期间可以停止执行具体行政行为？

答：根据《行政复议法》第 21 条的规定，行政复议期间具体行

[①] 参见湖南省高级人民法院（2019）湘行再 30 号。

政行为不停止执行；但是，有下列情形之一的，可以停止执行：（1）被申请人认为需要停止执行的；（2）行政复议机关认为需要停止执行的；（3）申请人申请停止执行，行政复议机关认为其要求合理，决定停止执行的；（4）法律规定停止执行的。

2. 在哪些情形下，行政诉讼期间可以停止执行具体行政行为？

答：根据《行政诉讼法》第56条第1款的规定，诉讼期间，不停止行政行为的执行。但有下列情形之一的，裁定停止执行：（1）被告认为需要停止执行的；（2）原告或者利害关系人申请停止执行，人民法院认为该行政行为的执行会造成难以弥补的损失，并且停止执行不损害国家利益、社会公共利益的；（3）人民法院认为该行政行为的执行会给国家利益、社会公共利益造成重大损害的；（4）法律、法规规定停止执行的。

典型案例

王力源与三亚市综合行政执法局行政强制拆除案[①]

裁判要旨：法律规定对于行政处罚不服提起行政复议或者行政诉讼的，在复议机关撤销原行政行为或者法院未经判决认定该处罚违法之前，该行政处罚仍具有法律效力。也就是说，当事人对行政处罚决定提起行政复议、行政诉讼并不能成为停止行政强制执行的法定事由。

---

① 参见海南省高级人民法院（2017）琼行终663号。

◆ 第七十四条　罚没非法财物的处理

除依法应当予以销毁的物品外，依法没收的非法财物必须按照国家规定公开拍卖或者按照国家有关规定处理。

罚款、没收的违法所得或者没收非法财物拍卖的款项，必须全部上缴国库，任何行政机关或者个人不得以任何形式截留、私分或者变相私分。

罚款、没收的违法所得或者没收非法财物拍卖的款项，不得同作出行政处罚决定的行政机关及其工作人员的考核、考评直接或者变相挂钩。除依法应当退还、退赔的外，财政部门不得以任何形式向作出行政处罚决定的行政机关返还罚款、没收的违法所得或者没收非法财物拍卖的款项。

名词解释

非法财物，是指违法行为人所占有的违禁品和实施违法行为的工具、物品，不包括加工、生产的产品和经营的商品。

违法所得，是指相对人违反法律法规或实施了法律法规的禁止性行为，或未履行法定义务而获得的收入。

没收违法所得，是指有权机关（行政机关或司法机关）依法对相对人或犯罪行为人违法取得的收入，依照法定程序，运用国家强制力予以剥夺的处罚方式。

实用问答

对在办理行政案件中查获的哪些物品应当依法收缴？

答：根据《公安机关办理行政案件程序规定》第 194 条的规定，对在办理行政案件中查获的下列物品应当依法收缴：（1）毒品、淫秽物品等违禁品；（2）赌具和赌资；（3）吸食、注射毒品的用具；（4）伪造、变造的公文、证件、证明文件、票证、印章等；（5）倒卖的车船票、文艺演出票、体育比赛入场券等有价票证；（6）主要用于实施违法行为的本人所有的工具以及直接用于实施毒品违法行为的资金；（7）法律、法规规定可以收缴的其他非法财物。前述第 6 项所列的工具，除非有证据表明属于他人合法所有，可以直接认定为违法行为人本人所有。对明显无价值的，可以不作出收缴决定，但应当在证据保全文书中注明处理情况。违法所得应当依法予以追缴或者没收。多名违法行为人共同实施违法行为，违法所得或者非法财物无法分清所有人的，作为共同违法所得或者非法财物予以处理。

◆ **第七十五条 行政处罚监督制度**

行政机关应当建立健全对行政处罚的监督制度。县级以上人民政府应当定期组织开展行政执法评议、考核，加强对行政处罚的监督检查，规范和保障行政处罚的实施。

行政机关实施行政处罚应当接受社会监督。公民、法人或者其他组织对行政机关实施行政处罚的行为，有权申诉或者检举；行政机关应当认真审查，发现有错误的，应当主动改正。

✐ **名词解释**

行政处罚监督，是指为了保障行政处罚的正确实施，依法享有行政处罚监督权的国家机关、社会组织和公民对行政机关及其执法人员在行政处罚设定、实施和适用等情况下的行为实施的监督。

> 实用问答

1. 行政监督的监督机关主要包括哪些?

答：行政监督的监督机关主要包括以下三种：（1）国务院对行政处罚的监督，如可以改变不适当的规章、决定和命令；（2）国务院所属各部门对各级政府职能部门的监督，如有权纠正错误的行政处罚决定；（3）上级人民政府对下级人民政府、本级人民政府对下属各职能部门、上级人民政府所属职能部门对下级人民政府所属职能部门实施的行政处罚进行监督。

2. 行政处罚的行政监督与群众监督是什么关系?

答：行政处罚的行政监督与群众监督是行政处罚监督制度的两个重要方面，相辅相成、不可分割。但这两种监督机制是不同的，行政监督具有国家强制力，能够直接产生相应的法律后果；群众监督不具有国家强制力，不直接产生相应的法律后果，只有当群众监督的意见被采纳后，才具有法律上的强制力，产生相应的法律后果。人民群众对行政处罚的监督主要采取以下几种形式进行：（1）直接对行政机关及其执法人员提出建议、批评、控告、检举，若权利受到侵犯而造成损失，还具有要求国家赔偿的权利；（2）通过信访途径对行政机关及其执法人员实施的违法渎职行为进行申诉、控告、检举，如《信访工作条例》对信访工作进行了具体规定；（3）通过工会、共青团、妇联、政协和各民主党派等社会组织、团体及报纸杂志、广播电视等舆论工具批评、揭发、监督行政机关及其执法人员的违法渎职行为；（4）人民群众通过提起行政诉讼的方式，由人民法院审查具体行政处罚行为的合法性和合理性。

典型案例

薛朝辉与江苏省住房和城乡建设厅、中华人民共和国住房和城乡建设部不履行法定职责、行政复议决定案[①]

裁判要旨： 相对人的权利救济需要遵守法律规定的程序，在经过行政复议和诉讼程序后又就同一事实进行信访，认为行政机关不受理事项是不履行行政职责而提起诉讼的，法院驳回起诉并无不当。

[①] 参见江苏省高级人民法院（2018）苏行终1303号。

第七章　法律责任

◆ **第七十六条　违法行政处罚实施人员的法律责任**

行政机关实施行政处罚，有下列情形之一，由上级行政机关或者有关机关责令改正，对直接负责的主管人员和其他直接责任人员依法给予处分：

（一）没有法定的行政处罚依据的；
（二）擅自改变行政处罚种类、幅度的；
（三）违反法定的行政处罚程序的；
（四）违反本法第二十条关于委托处罚的规定的；
（五）执法人员未取得执法证件的。

行政机关对符合立案标准的案件不及时立案的，依照前款规定予以处理。

◆ **第七十七条　违法使用单据的法律责任**

行政机关对当事人进行处罚不使用罚款、没收财物单据或者使用非法定部门制发的罚款、没收财物单据的，当事人有权拒绝，并有权予以检举，由上级行政机关或者有关机关对使用的非法单据予以收缴销毁，对直接负责的主管人员和其他直接责任人员依法给予处分。

◆ **第七十八条　违反罚缴分离的法律责任**

行政机关违反本法第六十七条的规定自行收缴罚款的，财政部门违反本法第七十四条的规定向行政机关返还罚款、没收的违法所得或者拍卖款项的，<u>由上级行政机关或者有关机关责令改正，对直接负责的主管人员和其他直接责任人员依法给予处分</u>。

典型案例

高振明与玛纳斯县公安局 交通警察大队公安行政处罚案[①]

裁判要旨： 作出罚款决定的行政机关应当与收缴罚款的机构分离，除法律规定当场收缴的罚款外，作出行政处罚决定的行政机关及其执法人员不得自行收缴罚款。行政机关不能证明属于当场不收缴罚款事后难以追缴的情况的，其直接收缴原告罚款的行为违法。

◆ **第七十九条　截留私分罚没款的法律责任**

行政机关截留、私分或者变相私分罚款、没收的违法所得或者财物的，由财政部门或者有关机关<u>予以追缴</u>，对直接负责的主管人员和其他直接责任人员依法给予处分；情节严重构成犯罪的，依法追究刑事责任。

---

① 参见新疆维吾尔自治区昌吉回族自治州中级人民法院（2013）昌中行终字30号。

> 执法人员利用职务上的便利，索取或者收受他人财物、将收缴罚款据为己有，构成犯罪的，依法追究刑事责任；情节轻微不构成犯罪的，依法给予处分。

实用问答

行政机关应如何管理罚没物品？

答：行政机关应当设置政府公物仓对罚没物品实行集中管理，尚不具备条件的可由行政执法机关进行管理，但应建立健全罚没物品保管制度，具体包括建立台账，对文物、文化艺术品及贵金属、珠宝等贵重罚没物品分类保管；并建立安全保卫制度，定期清查盘点库存等。

典型案例

董晓波、潘庆林、郭常庆、李雅楠 犯私分罚没财物罪案[1]

裁判要旨：分管计生统计和"四术"工作的工作人员按规定应将征收的社会抚养费和各类罚款全部上缴财政，计生局返还后用于日常经费开支。但被告作为计划生育工作直接负责的主管人员，违反国家有关规定，将应当上缴财政的计生罚款等截留坐支，并以计划生育工作站的名义以奖金、补助和福利的形式私分给个人，构成私分罚没财物罪。

---

[1] 参见河北省邯郸市中级人民法院（2018）冀04刑终458号。

◆ **第八十条　使用、损毁查封、扣押财物的法律责任**

行政机关使用或者损毁查封、扣押的财物，对当事人造成损失的，应当依法予以赔偿，对直接负责的主管人员和其他直接责任人员依法给予处分。

◆ **第八十一条　违法行政检查和违法行政强制执行的法律责任**

行政机关违法实施检查措施或者执行措施，给公民人身或者财产造成损害、给法人或者其他组织造成损失的，应当依法予以赔偿，对直接负责的主管人员和其他直接责任人员依法给予处分；情节严重构成犯罪的，依法追究刑事责任。

名词解释

行政检查，是指行政机关为实现行政管理职能，对相对人是否遵守法律法规所进行的监督检查活动。

典型案例

兰州市城关区人民政府、兰州市城关区城市管理行政执法局与兰州润波商贸有限公司行政强制拆除案[①]

裁判要旨：法律规定行政机关在强制拆除违法建筑物之前需要

---

① 参见甘肃省高级人民法院（2018）甘行终565号。

满足当事人既不申请行政复议、又不提起行政诉讼、逾期又不履行拆除违法建筑义务和行政机关依法向社会公告拆除违法建筑事宜且待公告催告履行期满作出强制拆除决定的双重条件。行政机关明知涉案建筑物被法院依法查封而采取强制拆除措施的，属于执行措施违反法律规定。

◆ **第八十二条　以罚代刑的法律责任**

行政机关对<u>应当依法移交司法机关追究刑事责任的案件不移交，以行政处罚代替刑事处罚</u>，由上级行政机关或者有关机关<u>责令改正</u>，对直接负责的主管人员和其他直接责任人员<u>依法给予处分</u>；情节严重构成犯罪的，<u>依法追究刑事责任</u>。

名词解释

<u>以罚代刑</u>，是指行政机关执法人员在执法过程中发现了行政违法行为且违法情节已经足够严重，符合刑事立案追诉条件，应将案件线索移交司法机关追究刑事责任，执法人员却违法不移交，将刑事处罚降格为行政处罚的情形。

实用问答

行政执法人员徇私舞弊的，应如何处理？

答：根据《刑法》第402条的规定，行政执法人员徇私舞弊，对依法应当移交司法机关追究刑事责任的不移交，情节严重的，处3年以下有期徒刑或者拘役；造成严重后果的，处3年以上7年以下有期徒刑。

典型案例

胡宝刚、郑伶徇私舞弊不移交刑事案件案[1]

裁判要旨：诉讼监督是人民检察院依法履行法律监督的重要内容。实践中，检察机关和办案人员应当坚持办案与监督并重，建立健全行政执法与刑事司法有效衔接的工作机制，善于在办案中发现各种职务犯罪线索；对于行政执法人员徇私舞弊，不移送有关刑事案件构成犯罪的，应当依法追究刑事责任。

◆ 第八十三条　执法人员不作为致损应担责

行政机关对应当予以制止和处罚的违法行为不予制止、处罚，致使公民、法人或者其他组织的合法权益、公共利益和社会秩序遭受损害的，对直接负责的主管人员和其他直接责任人员依法给予处分；情节严重构成犯罪的，依法追究刑事责任。

实用问答

国家机关工作人员滥用职权或者玩忽职守，致使公共财产、国家和人民利益遭受重大损失的，应如何处理？

答：根据《刑法》第 397 条的规定，国家机关工作人员滥用职权或者玩忽职守，致使公共财产、国家和人民利益遭受重大损失的，处 3 年以下有期徒刑或者拘役；情节特别严重的，处 3 年以上 7 年

---

[1] （检例第 7 号）最高人民检察院第二批指导性案例。

以下有期徒刑。《刑法》另有规定的，依照规定。国家机关工作人员徇私舞弊，犯滥用职权罪或者玩忽职守罪的，处5年以下有期徒刑或者拘役；情节特别严重的，处5年以上10年以下有期徒刑。《刑法》另有规定的，依照规定。

典型案例

崔建国环境监管失职案[①]

裁判要旨： 实践中，一些国有公司、企业和事业单位经合法授权从事具体的管理市场经济和社会生活的工作，拥有一定管理公共事务和社会事务的职权，这些实际行使国家行政管理职权的公司、企业和事业单位工作人员，符合渎职罪主体要求；对其实施渎职行为构成犯罪的，应当依照《刑法》关于渎职罪的规定追究刑事责任。

陈根明、林福娟、李德权滥用职权案[②]

裁判要旨： 随着我国城镇建设和社会主义新农村建设逐步深入推进，村民委员会、居民委员会等基层组织协助人民政府管理社会发挥越来越重要的作用。实践中，对村民委员会、居民委员会等基层组织人员协助人民政府从事行政管理工作时，滥用职权、玩忽职守构成犯罪的，应当依照《刑法》关于渎职罪的规定追究刑事责任。

---

① （检例第4号）最高人民检察院第二批指导性案例。
② （检例第5号）最高人民检察院第二批指导性案例。

罗建华、罗镜添、朱炳灿、罗锦游滥用职权案[①]

裁判要旨：根据《刑法》的规定，滥用职权罪是指国家机关工作人员滥用职权，"致使公共财产、国家和人民利益遭受重大损失"的行为。实践中，对滥用职权"造成恶劣社会影响的"，应当依法认定为"致使公共财产、国家和人民利益遭受重大损失"。

杨周武玩忽职守、徇私枉法、受贿案[②]

裁判要旨：一是渎职犯罪因果关系的认定。如果负有监管职责的国家机关工作人员没有认真履行其监管职责，从而未能有效防止危害结果发生，那么，这些对危害结果具有"原因力"的渎职行为，应认定与危害结果之间具有《刑法》意义上的因果关系。二是渎职犯罪同时受贿的处罚原则。对于国家机关工作人员实施渎职犯罪并收受贿赂，同时构成受贿罪的，除《刑法》第399条有特别规定的外，以渎职犯罪和受贿罪数罪并罚。

---

① （检例第6号）最高人民检察院第二批指导性案例。
② （检例第8号）最高人民检察院第二批指导性案例。

第八章　附　则

◆ **第八十四条　法的对象效力范围**

外国人、无国籍人、外国组织在中华人民共和国领域内有违法行为，应当给予行政处罚的，适用本法，法律另有规定的除外。

名词解释

属地主义，是指法律适用于该国管辖地区内的所有人，无论是本国公民还是外国籍公民等，都受法律约束和平等保护。

属人主义，是指法律适用于本国公民，无论在国内还是国外，非本国公民即使身在该国领域内也不适用。

典型案例

孙棣文（STEVEN ZHOU SUN）与北京市公安局等不服治安管理罚款行政处罚决定案[①]

裁判要旨： 外国人违反《出境入境管理法》的规定，签证到期仍非法居留国内，违法行为地公安机关可以依职权作出罚款、行政拘留等行政处罚决定。

---

① 参见北京市高级人民法院（2019）京行终 2302 号。

◆ 第八十五条　期限

本法中"二日""三日""五日""七日"的规定是指工作日，不含法定节假日。

◆ 第八十六条　施行日期

本法自 2021 年 7 月 15 日起施行。

名词解释

法律的时间效力，是指法律的生效时间和失效时间，以及法律对其颁布实施以前的行为有无溯及力的问题。

法律生效的时间，是指法律从何时起开始产生约束力。

附录

中华人民共和国宪法（节录）

（1982年12月4日第五届全国人民代表大会第五次会议通过　1982年12月4日全国人民代表大会公告公布施行　根据1988年4月12日第七届全国人民代表大会第一次会议通过的《中华人民共和国宪法修正案》、1993年3月29日第八届全国人民代表大会第一次会议通过的《中华人民共和国宪法修正案》、1999年3月15日第九届全国人民代表大会第二次会议通过的《中华人民共和国宪法修正案》、2004年3月14日第十届全国人民代表大会第二次会议通过的《中华人民共和国宪法修正案》和2018年3月11日第十三届全国人民代表大会第一次会议通过的《中华人民共和国宪法修正案》修正）

第三十七条　【人身自由】中华人民共和国公民的人身自由不受侵犯。

任何公民，非经人民检察院批准或者决定或者人民法院决定，并由公安机关执行，不受逮捕。

禁止非法拘禁和以其他方法非法剥夺或者限制公民的人身自由，禁止非法搜查公民的身体。

第三十八条　【人格尊严权】中华人民共和国公民的人格尊严不受侵犯。禁止用任何方法对公民进行侮辱、诽谤和诬告陷害。

第三十九条　【住宅权】中华人民共和国公民的住宅不受侵犯。禁止非法搜查或者非法侵入公民的住宅。

第四十条 【通信自由和秘密权】中华人民共和国公民的通信自由和通信秘密受法律的保护。除因国家安全或者追查刑事犯罪的需要，由公安机关或者检察机关依照法律规定的程序对通信进行检查外，任何组织或者个人不得以任何理由侵犯公民的通信自由和通信秘密。

中华人民共和国立法法（节录）

（2000年3月15日第九届全国人民代表大会第三次会议通过 根据2015年3月15日第十二届全国人民代表大会第三次会议《关于修改〈中华人民共和国立法法〉的决定》第一次修正 根据2023年3月13日第十四届全国人民代表大会第一次会议《关于修改〈中华人民共和国立法法〉的决定》第二次修正）

第十条 【全国人大及其常委会立法权限】全国人民代表大会和全国人民代表大会常务委员会根据宪法规定行使国家立法权。

全国人民代表大会制定和修改刑事、民事、国家机构的和其他的基本法律。

全国人民代表大会常务委员会制定和修改除应当由全国人民代表大会制定的法律以外的其他法律；在全国人民代表大会闭会期间，对全国人民代表大会制定的法律进行部分补充和修改，但是不得同该法律的基本原则相抵触。

全国人民代表大会可以授权全国人民代表大会常务委员会制定相关法律。

第十一条　【全国人大及其常委会专属立法权】下列事项只能制定法律：

（一）国家主权的事项；

（二）各级人民代表大会、人民政府、监察委员会、人民法院和人民检察院的产生、组织和职权；

（三）民族区域自治制度、特别行政区制度、基层群众自治制度；

（四）犯罪和刑罚；

（五）对公民政治权利的剥夺、限制人身自由的强制措施和处罚；

（六）税种的设立、税率的确定和税收征收管理等税收基本制度；

（七）对非国有财产的征收、征用；

（八）民事基本制度；

（九）基本经济制度以及财政、海关、金融和外贸的基本制度；

（十）诉讼制度和仲裁基本制度；

（十一）必须由全国人民代表大会及其常务委员会制定法律的其他事项。

第十二条　【授权国务院制定行政法规】本法第十一条规定的事项尚未制定法律的，全国人民代表大会及其常务委员会有权作出决定，授权国务院可以根据实际需要，对其中的部分事项先制定行政法规，但是有关犯罪和刑罚、对公民政治权利的剥夺和限制人身自由的强制措施和处罚、司法制度等事项除外。

第三章　行　政　法　规

第七十二条　【制定行政法规的权限】国务院根据宪法和法律，

制定行政法规。

行政法规可以就下列事项作出规定：

（一）为执行法律的规定需要制定行政法规的事项；

（二）宪法第八十九条规定的国务院行政管理职权的事项。

应当由全国人民代表大会及其常务委员会制定法律的事项，国务院根据全国人民代表大会及其常务委员会的授权决定先制定的行政法规，经过实践检验，制定法律的条件成熟时，国务院应当及时提请全国人民代表大会及其常务委员会制定法律。

第七十三条　【国务院年度立法计划和行政法规立项】国务院法制机构应当根据国家总体工作部署拟订国务院年度立法计划，报国务院审批。国务院年度立法计划中的法律项目应当与全国人民代表大会常务委员会的立法规划和立法计划相衔接。国务院法制机构应当及时跟踪了解国务院各部门落实立法计划的情况，加强组织协调和督促指导。

国务院有关部门认为需要制定行政法规的，应当向国务院报请立项。

第七十四条　【行政法规起草和听取意见】行政法规由国务院有关部门或者国务院法制机构具体负责起草，重要行政管理的法律、行政法规草案由国务院法制机构组织起草。行政法规在起草过程中，应当广泛听取有关机关、组织、人民代表大会代表和社会公众的意见。听取意见可以采取座谈会、论证会、听证会等多种形式。

行政法规草案应当向社会公布，征求意见，但是经国务院决定不公布的除外。

第七十五条　【行政法规草案的审查】行政法规起草工作完成后，起草单位应当将草案及其说明、各方面对草案主要问题的不同意见和其他有关资料送国务院法制机构进行审查。

国务院法制机构应当向国务院提出审查报告和草案修改稿，审查报告应当对草案主要问题作出说明。

第七十六条 【行政法规的决定程序】行政法规的决定程序依照中华人民共和国国务院组织法的有关规定办理。

第七十七条 【行政法规公布的主体】行政法规由总理签署国务院令公布。

有关国防建设的行政法规，可以由国务院总理、中央军事委员会主席共同签署国务院、中央军事委员会令公布。

第七十八条 【行政法规公布的载体】行政法规签署公布后，及时在国务院公报和中国政府法制信息网以及在全国范围内发行的报纸上刊载。

在国务院公报上刊登的行政法规文本为标准文本。

第七十九条 【国务院可以调整或者暂时停止适用行政法规的部分规定】国务院可以根据改革发展的需要，决定就行政管理等领域的特定事项，在规定期限和范围内暂时调整或者暂时停止适用行政法规的部分规定。

第四章 地方性法规、自治条例和单行条例、规章

第一节 地方性法规、自治条例和单行条例

第八十条 【制定地方性法规的主体】省、自治区、直辖市的人民代表大会及其常务委员会根据本行政区域的具体情况和实际需要，在不同宪法、法律、行政法规相抵触的前提下，可以制定地方性法规。

第八十一条 【制定地方性法规的原则】设区的市的人民代表大会及其常务委员会根据本市的具体情况和实际需要，在不同宪法、法律、行政法规和本省、自治区的地方性法规相抵触的前提下，可

以对城乡建设与管理、生态文明建设、历史文化保护、基层治理等方面的事项制定地方性法规,法律对设区的市制定地方性法规的事项另有规定的,从其规定。设区的市的地方性法规须报省、自治区的人民代表大会常务委员会批准后施行。省、自治区的人民代表大会常务委员会对报请批准的地方性法规,应当对其合法性进行审查,认为同宪法、法律、行政法规和本省、自治区的地方性法规不抵触的,应当在四个月内予以批准。

省、自治区的人民代表大会常务委员会在对报请批准的设区的市的地方性法规进行审查时,发现其同本省、自治区的人民政府的规章相抵触的,应当作出处理决定。

除省、自治区的人民政府所在地的市,经济特区所在地的市和国务院已经批准的较大的市以外,其他设区的市开始制定地方性法规的具体步骤和时间,由省、自治区的人民代表大会常务委员会综合考虑本省、自治区所辖的设区的市的人口数量、地域面积、经济社会发展情况以及立法需求、立法能力等因素确定,并报全国人民代表大会常务委员会和国务院备案。

自治州的人民代表大会及其常务委员会可以依照本条第一款规定行使设区的市制定地方性法规的职权。自治州开始制定地方性法规的具体步骤和时间,依照前款规定确定。

省、自治区的人民政府所在地的市,经济特区所在地的市和国务院已经批准的较大的市已经制定的地方性法规,涉及本条第一款规定事项范围以外的,继续有效。

第八十二条 【地方性法规权限】地方性法规可以就下列事项作出规定:

(一)为执行法律、行政法规的规定,需要根据本行政区域的实际情况作具体规定的事项;

（二）属于地方性事务需要制定地方性法规的事项。

除本法第十一条规定的事项外，其他事项国家尚未制定法律或者行政法规的，省、自治区、直辖市和设区的市、自治州根据本地方的具体情况和实际需要，可以先制定地方性法规。在国家制定的法律或者行政法规生效后，地方性法规同法律或者行政法规相抵触的规定无效，制定机关应当及时予以修改或者废止。

设区的市、自治州根据本条第一款、第二款制定地方性法规，限于本法第八十一条第一款规定的事项。

制定地方性法规，对上位法已经明确规定的内容，一般不作重复性规定。

第八十三条　【协同制定地方性法规】省、自治区、直辖市和设区的市、自治州的人民代表大会及其常务委员会根据区域协调发展的需要，可以协同制定地方性法规，在本行政区域或者有关区域内实施。

省、自治区、直辖市和设区的市、自治州可以建立区域协同立法工作机制。

第八十四条　【经济特区法规】经济特区所在地的省、市的人民代表大会及其常务委员会根据全国人民代表大会的授权决定，制定法规，在经济特区范围内实施。

上海市人民代表大会及其常务委员会根据全国人民代表大会常务委员会的授权决定，制定浦东新区法规，在浦东新区实施。

海南省人民代表大会及其常务委员会根据法律规定，制定海南自由贸易港法规，在海南自由贸易港范围内实施。

第八十五条　【自治条例和单行条例】民族自治地方的人民代表大会有权依照当地民族的政治、经济和文化的特点，制定自治条例和单行条例。自治区的自治条例和单行条例，报全国人民代表大会常务委员会批准后生效。自治州、自治县的自治条例和单行条例,报省、自治区、直辖市的人民代表大会常务委员会批准后生效。

自治条例和单行条例可以依照当地民族的特点,对法律和行政法规的规定作出变通规定,但不得违背法律或者行政法规的基本原则,不得对宪法和民族区域自治法的规定以及其他有关法律、行政法规专门就民族自治地方所作的规定作出变通规定。

第八十六条 【政区域特别重大事项的地方性法规】规定本行政区域特别重大事项的地方性法规,应当由人民代表大会通过。

第八十七条 【地方性法规制定程序】地方性法规案、自治条例和单行条例案的提出、审议和表决程序,根据中华人民共和国地方各级人民代表大会和地方各级人民政府组织法,参照本法第二章第二节、第三节、第五节的规定,由本级人民代表大会规定。

地方性法规草案由负责统一审议的机构提出审议结果的报告和草案修改稿。

第八十八条 【地方性法规公布程序】省、自治区、直辖市的人民代表大会制定的地方性法规由大会主席团发布公告予以公布。

省、自治区、直辖市的人民代表大会常务委员会制定的地方性法规由常务委员会发布公告予以公布。

设区的市、自治州的人民代表大会及其常务委员会制定的地方性法规报经批准后,由设区的市、自治州的人民代表大会常务委员会发布公告予以公布。

自治条例和单行条例报经批准后,分别由自治区、自治州、自治县的人民代表大会常务委员会发布公告予以公布。

第八十九条 【地方性法规公布载体】地方性法规、自治条例和单行条例公布后,其文本以及草案的说明、审议结果报告等,应当及时在本级人民代表大会常务委员会公报和中国人大网、本地方人民代表大会网站以及在本行政区域范围内发行的报纸上刊载。

在常务委员会公报上刊登的地方性法规、自治条例和单行条例文本为标准文本。

第九十条 【设立基层立法联系点】省、自治区、直辖市和设区的市、自治州的人民代表大会常务委员会根据实际需要设立基层立法联系点,深入听取基层群众和有关方面对地方性法规、自治条例和单行条例草案的意见。

第二节 规 章

第九十一条 【部门规章的制定主体、依据和权限范围】国务院各部、委员会、中国人民银行、审计署和具有行政管理职能的直属机构以及法律规定的机构,可以根据法律和国务院的行政法规、决定、命令,在本部门的权限范围内,制定规章。

部门规章规定的事项应当属于执行法律或者国务院的行政法规、决定、命令的事项。没有法律或者国务院的行政法规、决定、命令的依据,部门规章不得设定减损公民、法人和其他组织权利或者增加其义务的规范,不得增加本部门的权力或者减少本部门的法定职责。

第九十二条 【联合制定部门规章】涉及两个以上国务院部门职权范围的事项,应当提请国务院制定行政法规或者由国务院有关部门联合制定规章。

第九十三条 【地方政府规章的制定主体、依据和权限范围】省、自治区、直辖市和设区的市、自治州的人民政府,可以根据法律、行政法规和本省、自治区、直辖市的地方性法规,制定规章。

地方政府规章可以就下列事项作出规定:

(一)为执行法律、行政法规、地方性法规的规定需要制定规章的事项；

（二）属于本行政区域的具体行政管理事项。

设区的市、自治州的人民政府根据本条第一款、第二款制定地方政府规章，限于城乡建设与管理、生态文明建设、历史文化保护、基层治理等方面的事项。已经制定的地方政府规章，涉及上述事项范围以外的，继续有效。

除省、自治区的人民政府所在地的市，经济特区所在地的市和国务院已经批准的较大的市以外，其他设区的市、自治州的人民政府开始制定规章的时间，与本省、自治区人民代表大会常务委员会确定的本市、自治州开始制定地方性法规的时间同步。

应当制定地方性法规但条件尚不成熟的，因行政管理迫切需要，可以先制定地方政府规章。规章实施满两年需要继续实施规章所规定的行政措施的，应当提请本级人民代表大会或者其常务委员会制定地方性法规。

没有法律、行政法规、地方性法规的依据，地方政府规章不得设定减损公民、法人和其他组织权利或者增加其义务的规范。

第九十四条　【规章制定程序】国务院部门规章和地方政府规章的制定程序，参照本法第三章的规定，由国务院规定。

第九十五条　【规章决定程序】部门规章应当经部务会议或者委员会会议决定。

地方政府规章应当经政府常务会议或者全体会议决定。

第九十六条　【规章公布程序】部门规章由部门首长签署命令予以公布。

地方政府规章由省长、自治区主席、市长或者自治州州长签署命令予以公布。

第九十七条　【规章公布的载体】部门规章签署公布后，及时在国务院公报或者部门公报和中国政府法制信息网以及在全国范围内发行的报纸上刊载。

地方政府规章签署公布后,及时在本级人民政府公报和中国政府法制信息网以及在本行政区域范围内发行的报纸上刊载。

在国务院公报或者部门公报和地方人民政府公报上刊登的规章文本为标准文本。

中华人民共和国行政复议法

(1999年4月29日第九届全国人民代表大会常务委员会第九次会议通过 根据2009年8月27日第十一届全国人民代表大会常务委员会第十次会议《关于修改部分法律的决定》第一次修正 根据2017年9月1日第十二届全国人民代表大会常务委员会第二十九次会议《关于修改〈中华人民共和国法官法〉等八部法律的决定》第二次修正)

第一章 总 则

第一条 【立法目的】 为了防止和纠正违法的或者不当的具体行政行为,保护公民、法人和其他组织的合法权益,保障和监督行政机关依法行使职权,根据宪法,制定本法。

第二条 【适用范围】 公民、法人或者其他组织认为具体行政行为侵犯其合法权益,向行政机关提出行政复议申请,行政机关受理行政复议申请、作出行政复议决定,适用本法。

第三条 【复议机关及其职责】 依照本法履行行政复议职责的行政机关是行政复议机关。行政复议机关负责法制工作的机构具体办理行政复议事项，履行下列职责：

（一）受理行政复议申请；

（二）向有关组织和人员调查取证，查阅文件和资料；

（三）审查申请行政复议的具体行政行为是否合法与适当，拟订行政复议决定；

（四）处理或者转送对本法第七条所列有关规定的审查申请；

（五）对行政机关违反本法规定的行为依照规定的权限和程序提出处理建议；

（六）办理因不服行政复议决定提起行政诉讼的应诉事项；

（七）法律、法规规定的其他职责。

行政机关中初次从事行政复议的人员，应当通过国家统一法律职业资格考试取得法律职业资格。

第四条 【复议原则】行政复议机关履行行政复议职责，应当遵循合法、公正、公开、及时、便民的原则，坚持有错必纠，保障法律、法规的正确实施。

第五条 【司法救济】公民、法人或者其他组织对行政复议决定不服的，可以依照行政诉讼法的规定向人民法院提起行政诉讼，但是法律规定行政复议决定为最终裁决的除外。

第二章 行政复议范围

第六条 【复议范围】有下列情形之一的，公民、法人或者其他组织可以依照本法申请行政复议：

（一）对行政机关作出的警告、罚款、没收违法所得、没收非法财物、责令停产停业、暂扣或者吊销许可证、暂扣或者吊销执照、行政拘留等行政处罚决定不服的；

（二）对行政机关作出的限制人身自由或者查封、扣押、冻结财产等行政强制措施决定不服的；

（三）对行政机关作出的有关许可证、执照、资质证、资格证等证书变更、中止、撤销的决定不服的；

（四）对行政机关作出的关于确认土地、矿藏、水流、森林、山岭、草原、荒地、滩涂、海域等自然资源的所有权或者使用权的决定不服的；

（五）认为行政机关侵犯合法的经营自主权的；

（六）认为行政机关变更或者废止农业承包合同，侵犯其合法权益的；

（七）认为行政机关违法集资、征收财物、摊派费用或者违法要求履行其他义务的；

（八）认为符合法定条件，申请行政机关颁发许可证、执照、资质证、资格证等证书，或者申请行政机关审批、登记有关事项，行政机关没有依法办理的；

（九）申请行政机关履行保护人身权利、财产权利、受教育权利的法定职责，行政机关没有依法履行的；

（十）申请行政机关依法发放抚恤金、社会保险金或者最低生活保障费，行政机关没有依法发放的；

（十一）认为行政机关的其他具体行政行为侵犯其合法权益的。

第七条　【规定的审查】公民、法人或者其他组织认为行政机关的具体行政行为所依据的下列规定不合法，在对具体行政行为申请行政复议时，可以一并向行政复议机关提出对该规定的审查申请：

（一）国务院部门的规定；

（二）县级以上地方各级人民政府及其工作部门的规定；

（三）乡、镇人民政府的规定。

前款所列规定不含国务院部、委员会规章和地方人民政府规章。规章的审查依照法律、行政法规办理。

第八条 【申诉及诉讼】不服行政机关作出的行政处分或者其他人事处理决定的,依照有关法律、行政法规的规定提出申诉。

不服行政机关对民事纠纷作出的调解或者其他处理,依法申请仲裁或者向人民法院提起诉讼。

第三章 行政复议申请

第九条 【申请期限】公民、法人或者其他组织认为具体行政行为侵犯其合法权益的,可以自知道该具体行政行为之日起六十日内提出行政复议申请;但是法律规定的申请期限超过六十日的除外。

因不可抗力或者其他正当理由耽误法定申请期限的,申请期限自障碍消除之日起继续计算。

第十条 【复议申请人】依照本法申请行政复议的公民、法人或者其他组织是申请人。

有权申请行政复议的公民死亡的,其近亲属可以申请行政复议。有权申请行政复议的公民为无民事行为能力人或者限制民事行为能力人的,其法定代理人可以代为申请行政复议。有权申请行政复议的法人或者其他组织终止的,承受其权利的法人或者其他组织可以申请行政复议。

同申请行政复议的具体行政行为有利害关系的其他公民、法人或者其他组织,可以作为第三人参加行政复议。

公民、法人或者其他组织对行政机关的具体行政行为不服申请行政复议的,作出具体行政行为的行政机关是被申请人。

申请人、第三人可以委托代理人代为参加行政复议。

第十一条 【复议申请】申请人申请行政复议,可以书面申请,也可以口头申请；口头申请的，行政复议机关应当当场记录申请人的基本情况、行政复议请求、申请行政复议的主要事实、理由和时间。

第十二条　【部门具体行政行为的复议机关】对县级以上地方各级人民政府工作部门的具体行政行为不服的，由申请人选择，可以向该部门的本级人民政府申请行政复议，也可以向上一级主管部门申请行政复议。

对海关、金融、国税、外汇管理等实行垂直领导的行政机关和国家安全机关的具体行政行为不服的，向上一级主管部门申请行政复议。

第十三条　【对其他行政机关具体行政行为不服的复议申请】对地方各级人民政府的具体行政行为不服的，向上一级地方人民政府申请行政复议。

对省、自治区人民政府依法设立的派出机关所属的县级地方人民政府的具体行政行为不服的，向该派出机关申请行政复议。

第十四条　【诉讼或裁决】对国务院部门或者省、自治区、直辖市人民政府的具体行政行为不服的，向作出该具体行政行为的国务院部门或者省、自治区、直辖市人民政府申请行政复议。对行政复议决定不服的，可以向人民法院提起行政诉讼；也可以向国务院申请裁决，国务院依照本法的规定作出最终裁决。

第十五条　【其他机关具体行政行为的复议机关】对本法第十二条、第十三条、第十四条规定以外的其他行政机关、组织的具体行政行为不服的，按照下列规定申请行政复议：

（一）对县级以上地方人民政府依法设立的派出机关的具体行政行为不服的，向设立该派出机关的人民政府申请行政复议；

（二）对政府工作部门依法设立的派出机构依照法律、法规或者规章规定，以自己的名义作出的具体行政行为不服的，向设立该派出机构的部门或者该部门的本级地方人民政府申请行政复议；

（三）对法律、法规授权的组织的具体行政行为不服的，分别向直接管理该组织的地方人民政府、地方人民政府工作部门或者国务院部门申请行政复议；

（四）对两个或者两个以上行政机关以共同的名义作出的具体行政行为不服的，向其共同上一级行政机关申请行政复议；

（五）对被撤销的行政机关在撤销前所作出的具体行政行为不服的，向继续行使其职权的行政机关的上一级行政机关申请行政复议。

有前款所列情形之一的，申请人也可以向具体行政行为发生地的县级地方人民政府提出行政复议申请，由接受申请的县级地方人民政府依照本法第十八条的规定办理。

第十六条　【复议与诉讼的选择】公民、法人或者其他组织申请行政复议，行政复议机关已经依法受理的，或者法律、法规规定应当先向行政复议机关申请行政复议、对行政复议决定不服再向人民法院提起行政诉讼的，在法定行政复议期限内不得向人民法院提起行政诉讼。

公民、法人或者其他组织向人民法院提起行政诉讼，人民法院已经依法受理的，不得申请行政复议。

第四章　行政复议受理

第十七条　【复议的受理】行政复议机关收到行政复议申请后，应当在五日内进行审查，对不符合本法规定的行政复议申请，决定不予受理，并书面告知申请人；对符合本法规定，但是不属于本机关受理的行政复议申请，应当告知申请人向有关行政复议机关提出。

除前款规定外，行政复议申请自行政复议机关负责法制工作的机构收到之日起即为受理。

第十八条 【复议申请的转送】依照本法第十五条第二款的规定接受行政复议申请的县级地方人民政府,对依照本法第十五条第一款的规定属于其他行政复议机关受理的行政复议申请,应当自接到该行政复议申请之日起七日内,转送有关行政复议机关,并告知申请人。接受转送的行政复议机关应当依照本法第十七条的规定办理。

第十九条 【复议之后的行政诉讼】法律、法规规定应当先向行政复议机关申请行政复议、对行政复议决定不服再向人民法院提起行政诉讼的,行政复议机关决定不予受理或者受理后超过行政复议期限不作答复的,公民、法人或者其他组织可以自收到不予受理决定书之日起或者行政复议期满之日起十五日内,依法向人民法院提起行政诉讼。

第二十条 【上级机关责令受理及直接受理】公民、法人或者其他组织依法提出行政复议申请,行政复议机关无正当理由不予受理的,上级行政机关应当责令其受理;必要时,上级行政机关也可以直接受理。

第二十一条 【执行停止事项】行政复议期间具体行政行为不停止执行;但是,有下列情形之一的,可以停止执行:

(一)被申请人认为需要停止执行的;
(二)行政复议机关认为需要停止执行的;
(三)申请人申请停止执行,行政复议机关认为其要求合理,决定停止执行的;
(四)法律规定停止执行的。

第五章 行政复议决定

第二十二条 【书面审查原则及例外】行政复议原则上采取书

面审查的办法,但是申请人提出要求或者行政复议机关负责法制工作的机构认为有必要时,可以向有关组织和人员调查情况,听取申请人、被申请人和第三人的意见。

第二十三条 【复议程序事项】行政复议机关负责法制工作的机构应当自行政复议申请受理之日起七日内,将行政复议申请书副本或者行政复议申请笔录复印件发送被申请人。被申请人应当自收到申请书副本或者申请笔录复印件之日起十日内,提出书面答复,并提交当初作出具体行政行为的证据、依据和其他有关材料。

申请人、第三人可以查阅被申请人提出的书面答复、作出具体行政行为的证据、依据和其他有关材料,除涉及国家秘密、商业秘密或者个人隐私外,行政复议机关不得拒绝。

第二十四条 【被申请人不得自行取证】在行政复议过程中,被申请人不得自行向申请人和其他有关组织或者个人收集证据。

第二十五条 【申请撤回】行政复议决定作出前,申请人要求撤回行政复议申请的,经说明理由,可以撤回;撤回行政复议申请的,行政复议终止。

第二十六条 【复议机关对规定的处理】申请人在申请行政复议时,一并提出对本法第七条所列有关规定的审查申请的,行政复议机关对该规定有权处理的,应当在三十日内依法处理;无权处理的,应当在七日内按照法定程序转送有权处理的行政机关依法处理,有权处理的行政机关应当在六十日内依法处理。处理期间,中止对具体行政行为的审查。

第二十七条 【对具体行政行为合法性的审查处理】行政复议机关在对被申请人作出的具体行政行为进行审查时,认为其依据不合法,本机关有权处理的,应当在三十日内依法处理;无权处理的,应当在七日内按照法定程序转送有权处理的国家机关依法处理。处理期间,中止对具体行政行为的审查。

第二十八条 【复议决定的作出】行政复议机关负责法制工作的机构应当对被申请人作出的具体行政行为进行审查,提出意见,经行政复议机关的负责人同意或者集体讨论通过后,按照下列规定作出行政复议决定:

(一)具体行政行为认定事实清楚,证据确凿,适用依据正确,程序合法,内容适当的,决定维持;

(二)被申请人不履行法定职责的,决定其在一定期限内履行;

(三)具体行政行为有下列情形之一的,决定撤销、变更或者确认该具体行政行为违法;决定撤销或者确认该具体行政行为违法的,可以责令被申请人在一定期限内重新作出具体行政行为:

1. 主要事实不清、证据不足的;
2. 适用依据错误的;
3. 违反法定程序的;
4. 超越或者滥用职权的;
5. 具体行政行为明显不当的。

(四)被申请人不按照本法第二十三条的规定提出书面答复、提交当初作出具体行政行为的证据、依据和其他有关材料的,视为该具体行政行为没有证据、依据,决定撤销该具体行政行为。

行政复议机关责令被申请人重新作出具体行政行为的,被申请人不得以同一的事实和理由作出与原具体行政行为相同或者基本相同的具体行政行为。

第二十九条 【行政赔偿】申请人在申请行政复议时可以一并提出行政赔偿请求,行政复议机关对符合国家赔偿法的有关规定应当给予赔偿的,在决定撤销、变更具体行政行为或者确认具体行政行为违法时,应当同时决定被申请人依法给予赔偿。

申请人在申请行政复议时没有提出行政赔偿请求的,行政复议机关在依法决定撤销或者变更罚款、撤销违法集资、没收财物、征收财物、摊派费用以及对财产的查封、扣押、冻结等具体行政行为时,应当同时责令被申请人返还财产,解除对财产的查封、扣押、冻结措施,或者赔偿相应的价款。

第三十条 【对侵犯自然资源所有权或使用权行为的先行复议原则】公民、法人或者其他组织认为行政机关的具体行政行为侵犯其已经依法取得的土地、矿藏、水流、森林、山岭、草原、荒地、滩涂、海域等自然资源的所有权或者使用权的,应当先申请行政复议;对行政复议决定不服的,可以依法向人民法院提起行政诉讼。

根据国务院或者省、自治区、直辖市人民政府对行政区划的勘定、调整或者征收土地的决定,省、自治区、直辖市人民政府确认土地、矿藏、水流、森林、山岭、草原、荒地、滩涂、海域等自然资源的所有权或者使用权的行政复议决定为最终裁决。

第三十一条 【复议期限】行政复议机关应当自受理申请之日起六十日内作出行政复议决定;但是法律规定的行政复议期限少于六十日的除外。情况复杂,不能在规定期限内作出行政复议决定的,经行政复议机关的负责人批准,可以适当延长,并告知申请人和被申请人;但是延长期限最多不超过三十日。

行政复议机关作出行政复议决定,应当制作行政复议决定书,并加盖印章。

行政复议决定书一经送达,即发生法律效力。

第三十二条 【复议决定的履行】被申请人应当履行行政复议决定。

被申请人不履行或者无正当理由拖延履行行政复议决定的,行政复议机关或者有关上级行政机关应当责令其限期履行。

第三十三条 【不履行复议决定的处理】申请人逾期不起诉又不履行行政复议决定的，或者不履行最终裁决的行政复议决定的，按照下列规定分别处理：

（一）维持具体行政行为的行政复议决定，由作出具体行政行为的行政机关依法强制执行，或者申请人民法院强制执行；

（二）变更具体行政行为的行政复议决定，由行政复议机关依法强制执行，或者申请人民法院强制执行。

第六章　法 律 责 任

第三十四条 【复议机关不依法履行职责的处罚】行政复议机关违反本法规定，无正当理由不予受理依法提出的行政复议申请或者不按照规定转送行政复议申请的，或者在法定期限内不作出行政复议决定的，对直接负责的主管人员和其他直接责任人员依法给予警告、记过、记大过的行政处分；经责令受理仍不受理或者不按照规定转送行政复议申请，造成严重后果的，依法给予降级、撤职、开除的行政处分。

第三十五条 【渎职处罚】行政复议机关工作人员在行政复议活动中，徇私舞弊或者有其他渎职、失职行为的，依法给予警告、记过、记大过的行政处分；情节严重的，依法给予降级、撤职、开除的行政处分；构成犯罪的，依法追究刑事责任。

第三十六条 【被申请人不提交答复、资料和阻碍他人复议申请的处罚】被申请人违反本法规定，不提出书面答复或者不提交作出具体行政行为的证据、依据和其他有关材料，或者阻挠、变相阻挠公民、法人或者其他组织依法申请行政复议的，对直接负责的主管人员和其他直接责任人员依法给予警告、记过、记大过的行政处分；进行报复陷害的，依法给予降级、撤职、开除的行政处分；构成犯罪的，依法追究刑事责任。

第三十七条 【不履行、拖延履行复议决定的处罚】被申请人不履行或者无正当理由拖延履行行政复议决定的，对直接负责的主管人员和其他直接责任人员依法给予警告、记过、记大过的行政处分；经责令履行仍拒不履行的，依法给予降级、撤职、开除的行政处分。

第三十八条 【复议机关的建议权】行政复议机关负责法制工作的机构发现有无正当理由不予受理行政复议申请、不按照规定期限作出行政复议决定、徇私舞弊、对申请人打击报复或者不履行行政复议决定等情形的，应当向有关行政机关提出建议，有关行政机关应当依照本法和有关法律、行政法规的规定作出处理。

第七章 附　　则

第三十九条 【经费来源】行政复议机关受理行政复议申请，不得向申请人收取任何费用。行政复议活动所需经费，应当列入本机关的行政经费，由本级财政予以保障。

第四十条 【期间计算和文书送达】行政复议期间的计算和行政复议文书的送达，依照民事诉讼法关于期间、送达的规定执行。

本法关于行政复议期间有关"五日"、"七日"的规定是指工作日，不含节假日。

第四十一条 【适用范围补充规定】外国人、无国籍人、外国组织在中华人民共和国境内申请行政复议，适用本法。

第四十二条 【法律冲突的解决】本法施行前公布的法律有关行政复议的规定与本法的规定不一致的，以本法的规定为准。

第四十三条 【施行日期】本法自1999年10月1日起施行。

1990年12月24日国务院发布、1994年10月9日国务院修订发布的《行政复议条例》同时废止。

中华人民共和国
行政复议法实施条例（节录）

（2007年5月29日国务院令第499号公布
自2007年8月1日起施行）

第二十七条 公民、法人或者其他组织认为行政机关的具体行政行为侵犯其合法权益提出行政复议申请，除不符合行政复议法和本条例规定的申请条件的，行政复议机关必须受理。

第二十八条 行政复议申请符合下列规定的，应当予以受理：
（一）有明确的申请人和符合规定的被申请人；
（二）申请人与具体行政行为有利害关系；
（三）有具体的行政复议请求和理由；
（四）在法定申请期限内提出；
（五）属于行政复议法规定的行政复议范围；
（六）属于收到行政复议申请的行政复议机构的职责范围；
（七）其他行政复议机关尚未受理同一行政复议申请，人民法院尚未受理同一主体就同一事实提起的行政诉讼。

中华人民共和国行政诉讼法

（1989年4月4日第七届全国人民代表大会第二次会议通过 根据2014年11月1日第十二届全国人民代表大会常务委员会第十一次会议《关于修改〈中华人民共和国行政诉讼法〉的决定》第一次修正 根据2017年6月27日第十二届全国人民代表大会常务委员会第二十八次会议《关于修改〈中华人民共和国民事诉讼法〉和〈中华人民共和国行政诉讼法〉的决定》第二次修正）

第一章 总 则

第一条 【立法目的】为保证人民法院公正、及时审理行政案件，解决行政争议，保护公民、法人和其他组织的合法权益，监督行政机关依法行使职权，根据宪法，制定本法。

第二条 【诉权】公民、法人或者其他组织认为行政机关和行政机关工作人员的行政行为侵犯其合法权益，有权依照本法向人民法院提起诉讼。

前款所称行政行为，包括法律、法规、规章授权的组织作出的行政行为。

第三条 【权利与义务】人民法院应当保障公民、法人和其他组织的起诉权利，对应当受理的行政案件依法受理。

行政机关及其工作人员不得干预、阻碍人民法院受理行政案件。

被诉行政机关负责人应当出庭应诉。不能出庭的，应当委托行政机关相应的工作人员出庭。

第四条 【独立行使审判权】人民法院依法对行政案件独立行使审判权，不受行政机关、社会团体和个人的干涉。

人民法院设行政审判庭，审理行政案件。

第五条 【以事实为根据，以法律为准绳原则】人民法院审理行政案件，以事实为根据，以法律为准绳。

第六条 【合法性审查原则】人民法院审理行政案件，对行政行为是否合法进行审查。

第七条 【合议、回避、公开审判和两审终审原则】人民法院审理行政案件，依法实行合议、回避、公开审判和两审终审制度。

第八条 【法律地位平等原则】当事人在行政诉讼中的法律地位平等。

第九条 【本民族语言文字原则】各民族公民都有用本民族语言、文字进行行政诉讼的权利。

在少数民族聚居或者多民族共同居住的地区，人民法院应当用当地民族通用的语言、文字进行审理和发布法律文书。

人民法院应当对不通晓当地民族通用的语言、文字的诉讼参与人提供翻译。

第十条 【辩论原则】当事人在行政诉讼中有权进行辩论。

第十一条 【法律监督原则】人民检察院有权对行政诉讼实行法律监督。

第二章 受案范围

第十二条 【行政诉讼受案范围】人民法院受理公民、法人或者其他组织提起的下列诉讼：

（一）对行政拘留、暂扣或者吊销许可证和执照、责令停产停业、没收违法所得、没收非法财物、罚款、警告等行政处罚不服的；

（二）对限制人身自由或者对财产的查封、扣押、冻结等行政强制措施和行政强制执行不服的；

（三）申请行政许可，行政机关拒绝或者在法定期限内不予答复，或者对行政机关作出的有关行政许可的其他决定不服的；

（四）对行政机关作出的关于确认土地、矿藏、水流、森林、山岭、草原、荒地、滩涂、海域等自然资源的所有权或者使用权的决定不服的；

（五）对征收、征用决定及其补偿决定不服的；

（六）申请行政机关履行保护人身权、财产权等合法权益的法定职责，行政机关拒绝履行或者不予答复的；

（七）认为行政机关侵犯其经营自主权或者农村土地承包经营权、农村土地经营权的；

（八）认为行政机关滥用行政权力排除或者限制竞争的；

（九）认为行政机关违法集资、摊派费用或者违法要求履行其他义务的；

（十）认为行政机关没有依法支付抚恤金、最低生活保障待遇或者社会保险待遇的；

（十一）认为行政机关不依法履行、未按照约定履行或者违法变更、解除政府特许经营协议、土地房屋征收补偿协议等协议的；

（十二）认为行政机关侵犯其他人身权、财产权等合法权益的。

除前款规定外，人民法院受理法律、法规规定可以提起诉讼的其他行政案件。

第十三条 【受案范围的排除】人民法院不受理公民、法人或者其他组织对下列事项提起的诉讼：

（一）国防、外交等国家行为；

（二）行政法规、规章或者行政机关制定、发布的具有普遍约束力的决定、命令；

（三）行政机关对行政机关工作人员的奖惩、任免等决定；

（四）法律规定由行政机关最终裁决的行政行为。

第三章 管 辖

第十四条 【基层人民法院管辖第一审行政案件】基层人民法院管辖第一审行政案件。

第十五条 【中级人民法院管辖的第一审行政案件】中级人民法院管辖下列第一审行政案件：

（一）对国务院部门或者县级以上地方人民政府所作的行政行为提起诉讼的案件；

（二）海关处理的案件；

（三）本辖区内重大、复杂的案件；

（四）其他法律规定由中级人民法院管辖的案件。

第十六条 【高级人民法院管辖的第一审行政案件】高级人民法院管辖本辖区内重大、复杂的第一审行政案件。

第十七条 【最高人民法院管辖的第一审行政案件】最高人民法院管辖全国范围内重大、复杂的第一审行政案件。

第十八条 【一般地域管辖和法院跨行政区域管辖】行政案件由最初作出行政行为的行政机关所在地人民法院管辖。经复议的案件，也可以由复议机关所在地人民法院管辖。

经最高人民法院批准，高级人民法院可以根据审判工作的实际情况，确定若干人民法院跨行政区域管辖行政案件。

第十九条 【限制人身自由行政案件的管辖】对限制人身自由的行政强制措施不服提起的诉讼，由被告所在地或者原告所在地人民法院管辖。

第二十条 【不动产行政案件的管辖】因不动产提起的行政诉讼，由不动产所在地人民法院管辖。

第二十一条 【选择管辖】两个以上人民法院都有管辖权的案件，原告可以选择其中一个人民法院提起诉讼。原告向两个以上有管辖权的人民法院提起诉讼的，由最先立案的人民法院管辖。

第二十二条 【移送管辖】人民法院发现受理的案件不属于本院管辖的，应当移送有管辖权的人民法院，受移送的人民法院应当受理。受移送的人民法院认为受移送的案件按照规定不属于本院管辖的，应当报请上级人民法院指定管辖，不得再自行移送。

第二十三条 【指定管辖】有管辖权的人民法院由于特殊原因不能行使管辖权的，由上级人民法院指定管辖。

人民法院对管辖权发生争议，由争议双方协商解决。协商不成的，报它们的共同上级人民法院指定管辖。

第二十四条 【管辖权转移】上级人民法院有权审理下级人民法院管辖的第一审行政案件。

下级人民法院对其管辖的第一审行政案件，认为需要由上级人民法院审理或者指定管辖的，可以报请上级人民法院决定。

第四章 诉讼参加人

第二十五条 【原告资格】行政行为的相对人以及其他与行政行为有利害关系的公民、法人或者其他组织，有权提起诉讼。

有权提起诉讼的公民死亡，其近亲属可以提起诉讼。

有权提起诉讼的法人或者其他组织终止，承受其权利的法人或者其他组织可以提起诉讼。

人民检察院在履行职责中发现生态环境和资源保护、食品药品安全、国有财产保护、国有土地使用权出让等领域负有监督管理职责的行政机关违法行使职权或者不作为，致使国家利益或者社会公共利益受到侵害的，应当向行政机关提出检察建议，督促其依法履行职责。行政机关不依法履行职责的，人民检察院依法向人民法院提起诉讼。

第二十六条　【被告资格】公民、法人或者其他组织直接向人民法院提起诉讼的，作出行政行为的行政机关是被告。

经复议的案件，复议机关决定维持原行政行为的，作出原行政行为的行政机关和复议机关是共同被告；复议机关改变原行政行为的，复议机关是被告。

复议机关在法定期限内未作出复议决定，公民、法人或者其他组织起诉原行政行为的，作出原行政行为的行政机关是被告；起诉复议机关不作为的，复议机关是被告。

两个以上行政机关作出同一行政行为的，共同作出行政行为的行政机关是共同被告。

行政机关委托的组织所作的行政行为，委托的行政机关是被告。

行政机关被撤销或者职权变更的，继续行使其职权的行政机关是被告。

第二十七条　【共同诉讼】当事人一方或者双方为二人以上，因同一行政行为发生的行政案件，或者因同类行政行为发生的行政案件、人民法院认为可以合并审理并经当事人同意的，为共同诉讼。

第二十八条　【代表人诉讼】当事人一方人数众多的共同诉讼，可以由当事人推选代表人进行诉讼。代表人的诉讼行为对其所代表的当事人发生效力，但代表人变更、放弃诉讼请求或者承认对方当事人的诉讼请求，应当经被代表的当事人同意。

第二十九条　【诉讼第三人】公民、法人或者其他组织同被诉行政行为有利害关系但没有提起诉讼，或者同案件处理结果有利害关系的，可以作为第三人申请参加诉讼，或者由人民法院通知参加诉讼。

人民法院判决第三人承担义务或者减损第三人权益的，第三人有权依法提起上诉。

第三十条　【法定代理人】没有诉讼行为能力的公民，由其法定代理人代为诉讼。法定代理人互相推诿代理责任的，由人民法院指定其中一人代为诉讼。

第三十一条　【委托代理人】当事人、法定代理人，可以委托一至二人作为诉讼代理人。

下列人员可以被委托为诉讼代理人：

（一）律师、基层法律服务工作者；

（二）当事人的近亲属或者工作人员；

（三）当事人所在社区、单位以及有关社会团体推荐的公民。

第三十二条　【当事人及诉讼代理人权利】代理诉讼的律师，有权按照规定查阅、复制本案有关材料，有权向有关组织和公民调查，收集与本案有关的证据。对涉及国家秘密、商业秘密和个人隐私的材料，应当依照法律规定保密。

当事人和其他诉讼代理人有权按照规定查阅、复制本案庭审材料，但涉及国家秘密、商业秘密和个人隐私的内容除外。

第五章　证　　据

第三十三条　【证据种类】证据包括：

（一）书证；

（二）物证；

（三）视听资料；

（四）电子数据；

（五）证人证言；

（六）当事人的陈述；

（七）鉴定意见；

（八）勘验笔录、现场笔录。

以上证据经法庭审查属实，才能作为认定案件事实的根据。

第三十四条 【被告举证责任】被告对作出的行政行为负有举证责任，应当提供作出该行政行为的证据和所依据的规范性文件。

被告不提供或者无正当理由逾期提供证据，视为没有相应证据。但是，被诉行政行为涉及第三人合法权益，第三人提供证据的除外。

第三十五条 【行政机关收集证据的限制】在诉讼过程中，被告及其诉讼代理人不得自行向原告、第三人和证人收集证据。

第三十六条 【被告延期提供证据和补充证据】被告在作出行政行为时已经收集了证据，但因不可抗力等正当事由不能提供的，经人民法院准许，可以延期提供。

原告或者第三人提出了其在行政处理程序中没有提出的理由或者证据的，经人民法院准许，被告可以补充证据。

第三十七条 【原告可以提供证据】原告可以提供证明行政行为违法的证据。原告提供的证据不成立的，不免除被告的举证责任。

第三十八条 【原告举证责任】在起诉被告不履行法定职责的案件中，原告应当提供其向被告提出申请的证据。但有下列情形之一的除外：

（一）被告应当依职权主动履行法定职责的；

（二）原告因正当理由不能提供证据的。

在行政赔偿、补偿的案件中，原告应当对行政行为造成的损害提供证据。因被告的原因导致原告无法举证的，由被告承担举证责任。

第三十九条 【法院要求当事人提供或者补充证据】人民法院有权要求当事人提供或者补充证据。

第四十条 【法院调取证据】人民法院有权向有关行政机关以及其他组织、公民调取证据。但是，不得为证明行政行为的合法性调取被告作出行政行为时未收集的证据。

第四十一条 【申请法院调取证据】与本案有关的下列证据，原告或者第三人不能自行收集的，可以申请人民法院调取：

（一）由国家机关保存而须由人民法院调取的证据；

（二）涉及国家秘密、商业秘密和个人隐私的证据；

（三）确因客观原因不能自行收集的其他证据。

第四十二条 【证据保全】在证据可能灭失或者以后难以取得的情况下，诉讼参加人可以向人民法院申请保全证据，人民法院也可以主动采取保全措施。

第四十三条 【证据适用规则】证据应当在法庭上出示，并由当事人互相质证。对涉及国家秘密、商业秘密和个人隐私的证据，不得在公开开庭时出示。

人民法院应当按照法定程序，全面、客观地审查核实证据。对未采纳的证据应当在裁判文书中说明理由。

以非法手段取得的证据，不得作为认定案件事实的根据。

第六章 起诉和受理

第四十四条 【行政复议与行政诉讼】对属于人民法院受案范围的行政案件，公民、法人或者其他组织可以先向行政机关申请复议，对复议决定不服的，再向人民法院提起诉讼；也可以直接向人民法院提起诉讼。

法律、法规规定应当先向行政机关申请复议，对复议决定不服再向人民法院提起诉讼的，依照法律、法规的规定。

第四十五条 【经行政复议的起诉期限】公民、法人或者其他组织不服复议决定的，可以在收到复议决定书之日起十五日内向人民法院提起诉讼。复议机关逾期不作决定的，申请人可以在复议期满之日起十五日内向人民法院提起诉讼。法律另有规定的除外。

第四十六条 【起诉期限】公民、法人或者其他组织直接向人民法院提起诉讼的，应当自知道或者应当知道作出行政行为之日起六个月内提出。法律另有规定的除外。

因不动产提起诉讼的案件自行政行为作出之日起超过二十年，其他案件自行政行为作出之日起超过五年提起诉讼的，人民法院不予受理。

第四十七条 【行政机关不履行法定职责的起诉期限】公民、法人或者其他组织申请行政机关履行保护其人身权、财产权等合法权益的法定职责，行政机关在接到申请之日起两个月内不履行的，公民、法人或者其他组织可以向人民法院提起诉讼。法律、法规对行政机关履行职责的期限另有规定的，从其规定。

公民、法人或者其他组织在紧急情况下请求行政机关履行保护其人身权、财产权等合法权益的法定职责，行政机关不履行的，提起诉讼不受前款规定期限的限制。

第四十八条 【起诉期限的扣除和延长】公民、法人或者其他组织因不可抗力或者其他不属于其自身的原因耽误起诉期限的，被耽误的时间不计算在起诉期限内。

公民、法人或者其他组织因前款规定以外的其他特殊情况耽误起诉期限的，在障碍消除后十日内，可以申请延长期限，是否准许由人民法院决定。

第四十九条 【起诉条件】提起诉讼应当符合下列条件：

（一）原告是符合本法第二十五条规定的公民、法人或者其他组织；

（二）有明确的被告；

（三）有具体的诉讼请求和事实根据；

（四）属于人民法院受案范围和受诉人民法院管辖。

第五十条 【起诉方式】起诉应当向人民法院递交起诉状，并按照被告人数提出副本。

书写起诉状确有困难的，可以口头起诉，由人民法院记入笔录，出具注明日期的书面凭证，并告知对方当事人。

第五十一条 【登记立案】人民法院在接到起诉状时对符合本法规定的起诉条件的，应当登记立案。

对当场不能判定是否符合本法规定的起诉条件的，应当接收起诉状，出具注明收到日期的书面凭证，并在七日内决定是否立案。不符合起诉条件的，作出不予立案的裁定。裁定书应当载明不予立案的理由。原告对裁定不服的，可以提起上诉。

起诉状内容欠缺或者有其他错误的，应当给予指导和释明，并一次性告知当事人需要补正的内容。不得未经指导和释明即以起诉不符合条件为由不接收起诉状。

对于不接收起诉状、接收起诉状后不出具书面凭证，以及不一次性告知当事人需要补正的起诉状内容的，当事人可以向上级人民法院投诉，上级人民法院应当责令改正，并对直接负责的主管人员和其他直接责任人员依法给予处分。

第五十二条 【法院不立案的救济】人民法院既不立案，又不作出不予立案裁定的，当事人可以向上一级人民法院起诉。上一级人民法院认为符合起诉条件的，应当立案、审理，也可以指定其他下级人民法院立案、审理。

第五十三条 【规范性文件的附带审查】公民、法人或者其他组织认为行政行为所依据的国务院部门和地方人民政府及其部门制定的规范性文件不合法，在对行政行为提起诉讼时，可以一并请求对该规范性文件进行审查。

前款规定的规范性文件不含规章。

第七章 审理和判决

第一节 一般规定

第五十四条 【公开审理原则】人民法院公开审理行政案件，但涉及国家秘密、个人隐私和法律另有规定的除外。

涉及商业秘密的案件，当事人申请不公开审理的，可以不公开审理。

第五十五条 【回避】当事人认为审判人员与本案有利害关系或者有其他关系可能影响公正审判，有权申请审判人员回避。

审判人员认为自己与本案有利害关系或者有其他关系，应当申请回避。

前两款规定，适用于书记员、翻译人员、鉴定人、勘验人。

院长担任审判长时的回避，由审判委员会决定；审判人员的回避，由院长决定；其他人员的回避，由审判长决定。当事人对决定不服的，可以申请复议一次。

第五十六条 【诉讼不停止执行及例外】诉讼期间，不停止行政行为的执行。但有下列情形之一的，裁定停止执行：

（一）被告认为需要停止执行的；

（二）原告或者利害关系人申请停止执行，人民法院认为该行政行为的执行会造成难以弥补的损失，并且停止执行不损害国家利益、社会公共利益的；

（三）人民法院认为该行政行为的执行会给国家利益、社会公共利益造成重大损害的；

（四）法律、法规规定停止执行的。

当事人对停止执行或者不停止执行的裁定不服的，可以申请复议一次。

第五十七条 【先予执行】人民法院对起诉行政机关没有依法支付抚恤金、最低生活保障金和工伤、医疗社会保险金的案件，权利义务关系明确、不先予执行将严重影响原告生活的，可以根据原告的申请，裁定先予执行。

当事人对先予执行裁定不服的，可以申请复议一次。复议期间不停止裁定的执行。

第五十八条 【拒不到庭或中途退庭的法律后果】经人民法院传票传唤，原告无正当理由拒不到庭，或者未经法庭许可中途退庭的，可以按照撤诉处理；被告无正当理由拒不到庭，或者未经法庭许可中途退庭的，可以缺席判决。

第五十九条 【妨害行政诉讼强制措施】诉讼参与人或者其他人有下列行为之一的，人民法院可以根据情节轻重，予以训诫、责令具结悔过或者处一万元以下的罚款、十五日以下的拘留；构成犯罪的，依法追究刑事责任：

（一）有义务协助调查、执行的人，对人民法院的协助调查决定、协助执行通知书，无故推拖、拒绝或者妨碍调查、执行的；

（二）伪造、隐藏、毁灭证据或者提供虚假证明材料，妨碍人民法院审理案件的；

（三）指使、贿买、胁迫他人作伪证或者威胁、阻止证人作证的；

（四）隐藏、转移、变卖、毁损已被查封、扣押、冻结的财

产的;

（五）以欺骗、胁迫等非法手段使原告撤诉的;

（六）以暴力、威胁或者其他方法阻碍人民法院工作人员执行职务，或者以哄闹、冲击法庭等方法扰乱人民法院工作秩序的;

（七）对人民法院审判人员或者其他工作人员、诉讼参与人、协助调查和执行的人员恐吓、侮辱、诽谤、诬陷、殴打、围攻或者打击报复的。

人民法院对有前款规定的行为之一的单位，可以对其主要负责人或者直接责任人员依照前款规定予以罚款、拘留;构成犯罪的，依法追究刑事责任。

罚款、拘留须经人民法院院长批准。当事人不服的，可以向上一级人民法院申请复议一次。复议期间不停止执行。

第六十条　【调解】人民法院审理行政案件，不适用调解。但是，行政赔偿、补偿以及行政机关行使法律、法规规定的自由裁量权的案件可以调解。

调解应当遵循自愿、合法原则，不得损害国家利益、社会公共利益和他人合法权益。

第六十一条　【民事争议和行政争议交叉】在涉及行政许可、登记、征收、征用和行政机关对民事争议所作的裁决的行政诉讼中，当事人申请一并解决相关民事争议的，人民法院可以一并审理。

在行政诉讼中，人民法院认为行政案件的审理需以民事诉讼的裁判为依据的，可以裁定中止行政诉讼。

第六十二条　【撤诉】人民法院对行政案件宣告判决或者裁定前，原告申请撤诉的，或者被告改变其所作的行政行为，原告同意并申请撤诉的，是否准许，由人民法院裁定。

第六十三条　【审理依据】人民法院审理行政案件，以法律和行政法规、地方性法规为依据。地方性法规适用于本行政区域内发生的行政案件。

人民法院审理民族自治地方的行政案件，并以该民族自治地方的自治条例和单行条例为依据。

人民法院审理行政案件，参照规章。

第六十四条　【规范性文件审查和处理】人民法院在审理行政案件中，经审查认为本法第五十三条规定的规范性文件不合法的，不作为认定行政行为合法的依据，并向制定机关提出处理建议。

第六十五条　【裁判文书公开】人民法院应当公开发生法律效力的判决书、裁定书，供公众查阅，但涉及国家秘密、商业秘密和个人隐私的内容除外。

第六十六条　【有关行政机关工作人员和被告的处理】人民法院在审理行政案件中，认为行政机关的主管人员、直接责任人员违法违纪的，应当将有关材料移送监察机关、该行政机关或者其上一级行政机关；认为有犯罪行为的，应当将有关材料移送公安、检察机关。

人民法院对被告经传票传唤无正当理由拒不到庭，或者未经法庭许可中途退庭的，可以将被告拒不到庭或者中途退庭的情况予以公告，并可以向监察机关或者被告的上一级行政机关提出依法给予其主要负责人或者直接责任人员处分的司法建议。

第二节　第一审普通程序

第六十七条　【发送起诉状和提出答辩状】人民法院应当在立案之日起五日内，将起诉状副本发送被告。被告应当在收到起诉状副本之日起十五日内向人民法院提交作出行政行为的证据和所依据的规范性文件，并提出答辩状。人民法院应当在收到答辩状之日起五日内,将答辩状副本发送原告。

被告不提出答辩状的,不影响人民法院审理。

第六十八条 【审判组织形式】人民法院审理行政案件,由审判员组成合议庭,或者由审判员、陪审员组成合议庭。合议庭的成员,应当是三人以上的单数。

第六十九条 【驳回原告诉讼请求】行政行为证据确凿,适用法律、法规正确,符合法定程序的,或者原告申请被告履行法定职责或者给付义务理由不成立的,人民法院判决驳回原告的诉讼请求。

第七十条 【撤销判决和重作判决】行政行为有下列情形之一的,人民法院判决撤销或者部分撤销,并可以判决被告重新作出行政行为:

(一)主要证据不足的;

(二)适用法律、法规错误的;

(三)违反法定程序的;

(四)超越职权的;

(五)滥用职权的;

(六)明显不当的。

第七十一条 【重作判决对被告的限制】人民法院判决被告重新作出行政行为的,被告不得以同一的事实和理由作出与原行政行为基本相同的行政行为。

第七十二条 【履行判决】人民法院经过审理,查明被告不履行法定职责的,判决被告在一定期限内履行。

第七十三条 【给付判决】人民法院经过审理,查明被告依法负有给付义务的,判决被告履行给付义务。

第七十四条 【确认违法判决】行政行为有下列情形之一的,人民法院判决确认违法,但不撤销行政行为:

（一）行政行为依法应当撤销，但撤销会给国家利益、社会公共利益造成重大损害的；

（二）行政行为程序轻微违法，但对原告权利不产生实际影响的。

行政行为有下列情形之一，不需要撤销或者判决履行的，人民法院判决确认违法：

（一）行政行为违法，但不具有可撤销内容的；

（二）被告改变原违法行政行为，原告仍要求确认原行政行为违法的；

（三）被告不履行或者拖延履行法定职责，判决履行没有意义的。

第七十五条　【确认无效判决】行政行为有实施主体不具有行政主体资格或者没有依据等重大且明显违法情形，原告申请确认行政行为无效的，人民法院判决确认无效。

第七十六条　【确认违法和无效判决的补充规定】人民法院判决确认违法或者无效的，可以同时判决责令被告采取补救措施；给原告造成损失的，依法判决被告承担赔偿责任。

第七十七条　【变更判决】行政处罚明显不当，或者其他行政行为涉及对款额的确定、认定确有错误的，人民法院可以判决变更。

人民法院判决变更，不得加重原告的义务或者减损原告的权益。但利害关系人同为原告，且诉讼请求相反的除外。

第七十八条　【行政协议履行及补偿判决】被告不依法履行、未按照约定履行或者违法变更、解除本法第十二条第一款第十一项规定的协议的，人民法院判决被告承担继续履行、采取补救措施或者赔偿损失等责任。

被告变更、解除本法第十二条第一款第十一项规定的协议合法，但未依法给予补偿的,人民法院判决给予补偿。

第七十九条 【复议决定和原行政行为一并裁判】复议机关与作出原行政行为的行政机关为共同被告的案件,人民法院应当对复议决定和原行政行为一并作出裁判。

第八十条 【公开宣判】人民法院对公开审理和不公开审理的案件,一律公开宣告判决。

当庭宣判的,应当在十日内发送判决书;定期宣判的,宣判后立即发给判决书。

宣告判决时,必须告知当事人上诉权利、上诉期限和上诉的人民法院。

第八十一条 【第一审审限】人民法院应当在立案之日起六个月内作出第一审判决。有特殊情况需要延长的,由高级人民法院批准,高级人民法院审理第一审案件需要延长的,由最高人民法院批准。

第三节 简易程序

第八十二条 【简易程序适用情形】人民法院审理下列第一审行政案件,认为事实清楚、权利义务关系明确、争议不大的,可以适用简易程序:

(一)被诉行政行为是依法当场作出的;

(二)案件涉及款额二千元以下的;

(三)属于政府信息公开案件的。

除前款规定以外的第一审行政案件,当事人各方同意适用简易程序的,可以适用简易程序。

发回重审、按照审判监督程序再审的案件不适用简易程序。

第八十三条 【简易程序的审判组织形式和审限】适用简易程

序审理的行政案件，由审判员一人独任审理，并应当在立案之日起四十五日内审结。

第八十四条　【简易程序与普通程序的转换】人民法院在审理过程中，发现案件不宜适用简易程序的，裁定转为普通程序。

第四节　第二审程序

第八十五条　【上诉】当事人不服人民法院第一审判决的，有权在判决书送达之日起十五日内向上一级人民法院提起上诉。当事人不服人民法院第一审裁定的，有权在裁定书送达之日起十日内向上一级人民法院提起上诉。逾期不提起上诉的，人民法院的第一审判决或者裁定发生法律效力。

第八十六条　【二审审理方式】人民法院对上诉案件，应当组成合议庭，开庭审理。经过阅卷、调查和询问当事人，对没有提出新的事实、证据或者理由，合议庭认为不需要开庭审理的，也可以不开庭审理。

第八十七条　【二审审查范围】人民法院审理上诉案件，应当对原审人民法院的判决、裁定和被诉行政行为进行全面审查。

第八十八条　【二审审限】人民法院审理上诉案件，应当在收到上诉状之日起三个月内作出终审判决。有特殊情况需要延长的，由高级人民法院批准，高级人民法院审理上诉案件需要延长的，由最高人民法院批准。

第八十九条　【二审裁判】人民法院审理上诉案件，按照下列情形，分别处理：

（一）原判决、裁定认定事实清楚，适用法律、法规正确的，判决或者裁定驳回上诉，维持原判决、裁定；

（二）原判决、裁定认定事实错误或者适用法律、法规错误的，依法改判、撤销或者变更；

（三）原判决认定基本事实不清、证据不足的，发回原审人民法院重审，或者查清事实后改判；

（四）原判决遗漏当事人或者违法缺席判决等严重违反法定程序的，裁定撤销原判决，发回原审人民法院重审。

原审人民法院对发回重审的案件作出判决后，当事人提起上诉的，第二审人民法院不得再次发回重审。

人民法院审理上诉案件，需要改变原审判决的，应当同时对被诉行政行为作出判决。

第五节 审判监督程序

第九十条 【当事人申请再审】当事人对已经发生法律效力的判决、裁定，认为确有错误的，可以向上一级人民法院申请再审，但判决、裁定不停止执行。

第九十一条 【再审事由】当事人的申请符合下列情形之一的，人民法院应当再审：

（一）不予立案或者驳回起诉确有错误的；

（二）有新的证据，足以推翻原判决、裁定的；

（三）原判决、裁定认定事实的主要证据不足、未经质证或者系伪造的；

（四）原判决、裁定适用法律、法规确有错误的；

（五）违反法律规定的诉讼程序，可能影响公正审判的；

（六）原判决、裁定遗漏诉讼请求的；

（七）据以作出原判决、裁定的法律文书被撤销或者变更的；

（八）审判人员在审理该案件时有贪污受贿、徇私舞弊、枉法裁判行为的。

第九十二条 【人民法院依职权再审】各级人民法院院长对本院已经发生法律效力的判决、裁定,发现有本法第九十一条规定情形之一,或者发现调解违反自愿原则或者调解书内容违法,认为需要再审的,应当提交审判委员会讨论决定。

最高人民法院对地方各级人民法院已经发生法律效力的判决、裁定,上级人民法院对下级人民法院已经发生法律效力的判决、裁定,发现有本法第九十一条规定情形之一,或者发现调解违反自愿原则或者调解书内容违法的,有权提审或者指令下级人民法院再审。

第九十三条 【抗诉和检察建议】最高人民检察院对各级人民法院已经发生法律效力的判决、裁定,上级人民检察院对下级人民法院已经发生法律效力的判决、裁定,发现有本法第九十一条规定情形之一,或者发现调解书损害国家利益、社会公共利益的,应当提出抗诉。

地方各级人民检察院对同级人民法院已经发生法律效力的判决、裁定,发现有本法第九十一条规定情形之一,或者发现调解书损害国家利益、社会公共利益的,可以向同级人民法院提出检察建议,并报上级人民检察院备案;也可以提请上级人民检察院向同级人民法院提出抗诉。

各级人民检察院对审判监督程序以外的其他审判程序中审判人员的违法行为,有权向同级人民法院提出检察建议。

第八章 执 行

第九十四条 【生效裁判和调解书的执行】当事人必须履行人民法院发生法律效力的判决、裁定、调解书。

第九十五条 【申请强制执行和执行管辖】公民、法人或者其他组织拒绝履行判决、裁定、调解书的,行政机关或者第三人可以向第一审人民法院申请强制执行,或者由行政机关依法强制执行。

第九十六条 【对行政机关拒绝履行的执行措施】行政机关拒绝履行判决、裁定、调解书的,第一审人民法院可以采取下列措施:

(一)对应当归还的罚款或者应当给付的款额,通知银行从该行政机关的账户内划拨;

(二)在规定期限内不履行的,从期满之日起,对该行政机关负责人按日处五十元至一百元的罚款;

(三)将行政机关拒绝履行的情况予以公告;

(四)向监察机关或者该行政机关的上一级行政机关提出司法建议。接受司法建议的机关,根据有关规定进行处理,并将处理情况告知人民法院;

(五)拒不履行判决、裁定、调解书,社会影响恶劣的,可以对该行政机关直接负责的主管人员和其他直接责任人员予以拘留;情节严重,构成犯罪的,依法追究刑事责任。

第九十七条 【非诉执行】公民、法人或者其他组织对行政行为在法定期限内不提起诉讼又不履行的,行政机关可以申请人民法院强制执行,或者依法强制执行。

第九章 涉外行政诉讼

第九十八条 【涉外行政诉讼的法律适用原则】外国人、无国籍人、外国组织在中华人民共和国进行行政诉讼,适用本法。法律另有规定的除外。

第九十九条 【同等与对等原则】外国人、无国籍人、外国组织在中华人民共和国进行行政诉讼,同中华人民共和国公民、组织有同等的诉讼权利和义务。

外国法院对中华人民共和国公民、组织的行政诉讼权利加以限制的，人民法院对该国公民、组织的行政诉讼权利，实行对等原则。

第一百条 【中国律师代理】外国人、无国籍人、外国组织在中华人民共和国进行行政诉讼，委托律师代理诉讼的，应当委托中华人民共和国律师机构的律师。

第十章 附 则

第一百零一条 【适用民事诉讼法规定】人民法院审理行政案件，关于期间、送达、财产保全、开庭审理、调解、中止诉讼、终结诉讼、简易程序、执行等，以及人民检察院对行政案件受理、审理、裁判、执行的监督，本法没有规定的，适用《中华人民共和国民事诉讼法》的相关规定。

第一百零二条 【诉讼费用】人民法院审理行政案件，应当收取诉讼费用。诉讼费用由败诉方承担，双方都有责任的由双方分担。收取诉讼费用的具体办法另行规定。

第一百零三条 【施行日期】本法自1990年10月1日起施行。

中华人民共和国
治安管理处罚法（节录）

（2005年8月28日第十届全国人民代表大会常务委员会第十七次会议通过 根据2012年10月26日第十一届全国人民代表大会常务委员会第二十九次会议《关于修改〈中华人民共和国治安管理处罚法〉的决定》修正）

第七条 【主管和管辖】国务院公安部门负责全国的治安管理

工作。县级以上地方各级人民政府公安机关负责本行政区域内的治安管理工作。

治安案件的管辖由国务院公安部门规定。

第八条 【民事责任】违反治安管理的行为对他人造成损害的，行为人或者其监护人应当依法承担民事责任。

第十条 【处罚种类】治安管理处罚的种类分为：

（一）警告；

（二）罚款；

（三）行政拘留；

（四）吊销公安机关发放的许可证。

对违反治安管理的外国人，可以附加适用限期出境或者驱逐出境。

第十九条 【减轻处罚或不予处罚的情形】违反治安管理有下列情形之一的，减轻处罚或者不予处罚：

（一）情节特别轻微的；

（二）主动消除或者减轻违法后果，并取得被侵害人谅解的；

（三）出于他人胁迫或者诱骗的；

（四）主动投案，向公安机关如实陈述自己的违法行为的；

（五）有立功表现的。

第二十二条 【追究时效】违反治安管理行为在六个月内没有被公安机关发现的，不再处罚。

前款规定的期限，从违反治安管理行为发生之日起计算；违反治安管理行为有连续或者继续状态的，从行为终了之日起计算。

第九十一条 【处罚的决定机关】治安管理处罚由县级以上人民政府公安机关决定；其中警告、五百元以下的罚款可以由公安派出所决定。

第九十三条 【违反治安管理行为人的陈述与其他证据关系】公安机关查处治安案件，对没有本人陈述，但其他证据能够证明案件事实的，可以作出治安管理处罚决定。但是，只有本人陈述，没有其他证据证明的，不能作出治安管理处罚决定。

第九十四条 【陈述与申辩权】公安机关作出治安管理处罚决定前，应当告知违反治安管理行为人作出治安管理处罚的事实、理由及依据，并告知违反治安管理行为人依法享有的权利。

违反治安管理行为人有权陈述和申辩。公安机关必须充分听取违反治安管理行为人的意见，对违反治安管理行为人提出的事实、理由和证据，应当进行复核；违反治安管理行为人提出的事实、理由或者证据成立的，公安机关应当采纳。

公安机关不得因违反治安管理行为人的陈述、申辩而加重处罚。

第九十五条 【治安案件的不同处理】治安案件调查结束后，公安机关应当根据不同情况，分别作出以下处理：

（一）确有依法应当给予治安管理处罚的违法行为的，根据情节轻重及具体情况，作出处罚决定；

（二）依法不予处罚的，或者违法事实不能成立的，作出不予处罚决定；

（三）违法行为已涉嫌犯罪的，移送主管机关依法追究刑事责任；

（四）发现违反治安管理行为人有其他违法行为的，在对违反治安管理行为作出处罚决定的同时，通知有关行政主管部门处理。

第九十六条 【治安管理处罚决定书内容】公安机关作出治安管理处罚决定的，应当制作治安管理处罚决定书。决定书应当载明下列内容：

（一）被处罚人的姓名、性别、年龄、身份证件的名称和号码、住址；

（二）违法事实和证据；

（三）处罚的种类和依据；

（四）处罚的执行方式和期限；

（五）对处罚决定不服，申请行政复议、提起行政诉讼的途径和期限；

（六）作出处罚决定的公安机关的名称和作出决定的日期。

决定书应当由作出处罚决定的公安机关加盖印章。

第九十七条　【宣告、送达、抄送】公安机关应当向被处罚人宣告治安管理处罚决定书，并当场交付被处罚人；无法当场向被处罚人宣告的，应当在二日内送达被处罚人。决定给予行政拘留处罚的，应当及时通知被处罚人的家属。

有被侵害人的，公安机关应当将决定书副本抄送被侵害人。

第九十八条　【听证】公安机关作出吊销许可证以及处二千元以上罚款的治安管理处罚决定前，应当告知违反治安管理行为人有权要求举行听证；违反治安管理行为人要求听证的，公安机关应当及时依法举行听证。

第一百条　【当场处罚】违反治安管理行为事实清楚，证据确凿，处警告或者二百元以下罚款的，可以当场作出治安管理处罚决定。

第一百零一条　【当场处罚决定程序】当场作出治安管理处罚决定的，人民警察应当向违反治安管理行为人出示工作证件，并填写处罚决定书。处罚决定书应当当场交付被处罚人；有被侵害人的，并将决定书副本抄送被侵害人。

前款规定的处罚决定书，应当载明被处罚人的姓名、违法行为、处罚依据、罚款数额、时间、地点以及公安机关名称，并由经办的人民警察签名或者盖章。

当场作出治安管理处罚决定的，经办的人民警察应当在二十四小时内报所属公安机关备案。

第一百零二条 【不服处罚提起的复议或诉讼】被处罚人对治安管理处罚决定不服的，可以依法申请行政复议或者提起行政诉讼。

第一百零四条 【当场收缴罚款范围】受到罚款处罚的人应当自收到处罚决定书之日起十五日内，到指定的银行缴纳罚款。但是，有下列情形之一的，人民警察可以当场收缴罚款：

（一）被处五十元以下罚款，被处罚人对罚款无异议的；

（二）在边远、水上、交通不便地区，公安机关及其人民警察依照本法的规定作出罚款决定后，被处罚人向指定的银行缴纳罚款确有困难，经被处罚人提出的；

（三）被处罚人在当地没有固定住所，不当场收缴事后难以执行的。

第一百零五条 【罚款交纳期】人民警察当场收缴的罚款，应当自收缴罚款之日起二日内，交至所属的公安机关；在水上、旅客列车上当场收缴的罚款，应当自抵岸或者到站之日起二日内，交至所属的公安机关；公安机关应当自收到罚款之日起二日内将罚款缴付指定的银行。

第一百零六条 【罚款收据】人民警察当场收缴罚款的，应当向被处罚人出具省、自治区、直辖市人民政府财政部门统一制发的罚款收据；不出具统一制发的罚款收据的，被处罚人有权拒绝缴纳罚款。

第一百一十四条 【监督方式】公安机关及其人民警察办理治安案件，应当自觉接受社会和公民的监督。

公安机关及其人民警察办理治安案件，不严格执法或者有违法违纪行为的，任何单位和个人都有权向公安机关或者人民检察院、行政监察机关检举、控告；收到检举、控告的机关，应当依据职责及时处理。

第一百一十五条 【罚缴分离原则】公安机关依法实施罚款处罚，应当依照有关法律、行政法规的规定，实行罚款决定与罚款收缴分离；收缴的罚款应当全部上缴国库。

第一百一十六条 【行政处分、刑事处罚的规定】人民警察办理治安案件，有下列行为之一的，依法给予行政处分；构成犯罪的，依法追究刑事责任：

（一）刑讯逼供、体罚、虐待、侮辱他人的；

（二）超过询问查证的时间限制人身自由的；

（三）不执行罚款决定与罚款收缴分离制度或者不按规定将罚没的财物上缴国库或者依法处理的；

（四）私分、侵占、挪用、故意损毁收缴、扣押的财物的；

（五）违反规定使用或者不及时返还被侵害人财物的；

（六）违反规定不及时退还保证金的；

（七）利用职务上的便利收受他人财物或者谋取其他利益的；

（八）当场收缴罚款不出具罚款收据或者不如实填写罚款数额的；

（九）接到要求制止违反治安管理行为的报警后，不及时出警的；

（十）在查处违反治安管理活动时，为违法犯罪行为人通风报信的；

（十一）有徇私舞弊、滥用职权，不依法履行法定职责的其他情形的。

办理治安案件的公安机关有前款所列行为的，对直接负责的主管人员和其他直接责任人员给予相应的行政处分。

第一百一十七条 【赔偿责任】公安机关及其人民警察违法行使职权,侵犯公民、法人和其他组织合法权益的,应当赔礼道歉;造成损害的,应当依法承担赔偿责任。

中华人民共和国
道路交通安全法(节录)

(2003年10月28日第十届全国人民代表大会常务委员会第五次会议通过 根据2007年12月29日第十届全国人民代表大会常务委员会第三十一次会议《关于修改〈中华人民共和国道路交通安全法〉的决定》第一次修正 根据2011年4月22日第十一届全国人民代表大会常务委员会第二十次会议《关于修改〈中华人民共和国道路交通安全法〉的决定》第二次修正 根据2021年4月29日第十三届全国人民代表大会常务委员会第二十八次会议《关于修改〈中华人民共和国道路交通安全法〉等八部法律的决定》第三次修正)

第五条 【主管部门】国务院公安部门负责全国道路交通安全管理工作。县级以上地方各级人民政府公安机关交通管理部门负责本行政区域内的道路交通安全管理工作。

县级以上各级人民政府交通、建设管理部门依据各自职责,负责有关的道路交通工作。

第八十二条 【罚款决定与收缴分离】公安机关交通管理部门依法实施罚款的行政处罚,应当依照有关法律、行政法规的规定,实施罚款决定与罚款收缴分离；收缴的罚款以及依法没收的违法所得，应当全部上缴国库。

第八十四条 【执法监督】公安机关交通管理部门及其交通警察的行政执法活动，应当接受行政监察机关依法实施的监督。

公安机关督察部门应当对公安机关交通管理部门及其交通警察执行法律、法规和遵守纪律的情况依法进行监督。

上级公安机关交通管理部门应当对下级公安机关交通管理部门的执法活动进行监督。

第八十七条 【现场处罚】公安机关交通管理部门及其交通警察对道路交通安全违法行为，应当及时纠正。

公安机关交通管理部门及其交通警察应当依据事实和本法的有关规定对道路交通安全违法行为予以处罚。对于情节轻微，未影响道路通行的，指出违法行为，给予口头警告后放行。

第八十八条 【处罚种类】对道路交通安全违法行为的处罚种类包括：警告、罚款、暂扣或者吊销机动车驾驶证、拘留。

第九十九条 【其他行政处罚】有下列行为之一的，由公安机关交通管理部门处二百元以上二千元以下罚款：

（一）未取得机动车驾驶证、机动车驾驶证被吊销或者机动车驾驶证被暂扣期间驾驶机动车的；

（二）将机动车交由未取得机动车驾驶证或者机动车驾驶证被吊销、暂扣的人驾驶的；

（三）造成交通事故后逃逸，尚不构成犯罪的；

（四）机动车行驶超过规定时速百分之五十的；

（五）强迫机动车驾驶人违反道路交通安全法律、法规和机动车安全驾驶要求驾驶机动车，造成交通事故，尚不构成犯罪的；

（六）违反交通管制的规定强行通行，不听劝阻的；

（七）故意损毁、移动、涂改交通设施，造成危害后果，尚不构成犯罪的；

（八）非法拦截、扣留机动车辆，不听劝阻，造成交通严重阻塞或者较大财产损失的。

行为人有前款第二项、第四项情形之一的，可以并处吊销机动车驾驶证；有第一项、第三项、第五项至第八项情形之一的，可以并处十五日以下拘留。

第一百零七条　【当场处罚决定书】对道路交通违法行为人予以警告、二百元以下罚款，交通警察可以当场作出行政处罚决定，并出具行政处罚决定书。

行政处罚决定书应当载明当事人的违法事实、行政处罚的依据、处罚内容、时间、地点以及处罚机关名称，并由执法人员签名或者盖章。

第一百零八条　【罚款的缴纳】当事人应当自收到罚款的行政处罚决定书之日起十五日内，到指定的银行缴纳罚款。

对行人、乘车人和非机动车驾驶人的罚款，当事人无异议的，可以当场予以收缴罚款。

罚款应当开具省、自治区、直辖市财政部门统一制发的罚款收据；不出具财政部门统一制发的罚款收据的，当事人有权拒绝缴纳罚款。

第一百零九条　【对不履行处罚决定可采取的措施】当事人逾期不履行行政处罚决定的，作出行政处罚决定的行政机关可以采取下列措施：

（一）到期不缴纳罚款的，每日按罚款数额的百分之三加处罚款；

（二）申请人民法院强制执行。

第一百一十五条 【行政处分】交通警察有下列行为之一的,依法给予行政处分:

(一) 为不符合法定条件的机动车发放机动车登记证书、号牌、行驶证、检验合格标志的;

(二) 批准不符合法定条件的机动车安装、使用警车、消防车、救护车、工程救险车的警报器、标志灯具,喷涂标志图案的;

(三) 为不符合驾驶许可条件、未经考试或者考试不合格人员发放机动车驾驶证的;

(四) 不执行罚款决定与罚款收缴分离制度或者不按规定将依法收取的费用、收缴的罚款及没收的违法所得全部上缴国库的;

(五) 举办或者参与举办驾驶学校或者驾驶培训班、机动车修理厂或者收费停车场等经营活动的;

(六) 利用职务上的便利收受他人财物或者谋取其他利益的;

(七) 违法扣留车辆、机动车行驶证、驾驶证、车辆号牌的;

(八) 使用依法扣留的车辆的;

(九) 当场收取罚款不开具罚款收据或者不如实填写罚款额的;

(十) 徇私舞弊,不公正处理交通事故的;

(十一) 故意刁难,拖延办理机动车牌证的;

(十二) 非执行紧急任务时使用警报器、标志灯具的;

(十三) 违反规定拦截、检查正常行驶的车辆的;

(十四) 非执行紧急公务时拦截搭乘机动车的;

(十五) 不履行法定职责的。

公安机关交通管理部门有前款所列行为之一的,对直接负责的主管人员和其他直接责任人员给予相应的行政处分。

第一百一十六条 【停职和辞退】依照本法第一百一十五条的规定,给予交通警察行政处分的,在作出行政处分决定前,可以停止其执行职务；必要时，可以予以禁闭。

依照本法第一百一十五条的规定，交通警察受到降级或者撤职行政处分的，可以予以辞退。

交通警察受到开除处分或者被辞退的，应当取消警衔；受到撤职以下行政处分的交通警察，应当降低警衔。

第一百一十七条　【渎职责任】交通警察利用职权非法占有公共财物，索取、收受贿赂，或者滥用职权、玩忽职守，构成犯罪的，依法追究刑事责任。

第一百一十八条　【执法不当的损失赔偿】公安机关交通管理部门及其交通警察有本法第一百一十五条所列行为之一，给当事人造成损失的，应当依法承担赔偿责任。

中华人民共和国
道路交通安全法实施条例（节录）

（2004年4月30日国务院令第405号公布　根据2017年10月7日《国务院关于修改部分行政法规的决定》修订）

第九十八条　公安机关交通管理部门应当公开办事制度、办事程序，建立警风警纪监督员制度，自觉接受社会和群众的监督。

第九十九条　公安机关交通管理部门及其交通警察办理机动车登记，发放号牌，对驾驶人考试、发证，处理道路交通安全违法行为，处理道路交通事故，应当严格遵守有关规定，不得越权执法，不得延迟履行职责，不得擅自改变处罚的种类和幅度。

第一百条　公安机关交通管理部门应当公布举报电话，受理群众举报投诉，并及时调查核实，反馈查处结果。

第一百零一条 公安机关交通管理部门应当建立执法质量考核评议、执法责任制和执法过错追究制度，防止和纠正道路交通安全执法中的错误或者不当行为。

第一百零八条 交通警察按照简易程序当场作出行政处罚的，应当告知当事人道路交通安全违法行为的事实、处罚的理由和依据，并将行政处罚决定书当场交付被处罚人。

第一百零九条 对道路交通安全违法行为人处以罚款或者暂扣驾驶证处罚的，由违法行为发生地的县级以上人民政府公安机关交通管理部门或者相当于同级的公安机关交通管理部门作出决定；对处以吊销机动车驾驶证处罚的，由设区的市人民政府公安机关交通管理部门或者相当于同级的公安机关交通管理部门作出决定。

公安机关交通管理部门对非本辖区机动车的道路交通安全违法行为没有当场处罚的，可以由机动车登记地的公安机关交通管理部门处罚。

第一百一十条 当事人对公安机关交通管理部门及其交通警察的处罚有权进行陈述和申辩，交通警察应当充分听取当事人的陈述和申辩，不得因当事人陈述、申辩而加重其处罚。

中华人民共和国刑法（节录）

（1979年7月1日第五届全国人民代表大会第二次会议通过 1997年3月14日第八届全国人民代表大会第五次会议修订 根据1998年12月29日第九届全国人民代表大会常务委员会第六次会议通过的《关于惩治骗购外汇、逃汇和非法买卖外汇犯罪的决定》、1999年12月25日第九届全国人民代表大会常务委员会第十三次会议通过的《中华人民共和国刑法修正案》、2001年8月31日第九届全国人民代表大会常务委员会第二十三次会议通过的《中华人民共和国刑法修正案（二）》、2001年12月29日第九届全国人民代表大会常务委员会第二十五次会议通过的《中华人民共和国刑法修正案（三）》、2002年12月28日第九届全国人民代表大会常务委员会第三十一次会议通过的《中华人民共和国刑法修正案（四）》、2005年2月28日第十届全国人民代表大会常务委员会第十四次会议通过的《中华人民共和国刑法修正案（五）》、2006年6月29日第十届全国人民代表大会常务委员会第二十二次会议通过的《中华人民共和国刑法修正案（六）》、2009年2月28日第十一届全国人民代表大会常务委员会第七次会议通过的《中华人民共和国刑法修正案（七）》、2009年8月27日第十一届全国人民代表大会常务委员会第十次会议通过的《关于修改部分法律的决定》、2011年2月25日第十一届全国人民代表大会常务委员会第十九次会议通过的《中华人民共和国刑法修正案（八）》、2015年8月29日第十二届全国人民代表大会常务委员会第十六次会议通过的《中华人民共和国刑法修正案（九）》、2017年11月4日第十二届全国人民代表大会常务委员会第三十次会议通过的《中华人民共和国刑法修正案（十）》、2020年12月26日第十三届全国人民代表大会常务委员会第二十四次会议通过的《中华人民共和国刑法修正案（十一）》修正）

第十三条 【犯罪概念】一切危害国家主权、领土完整和安全，分裂国家、颠覆人民民主专政的政权和推翻社会主义制度，破坏社会秩序和经济秩序，侵犯国有财产或者劳动群众集体所有的财产，侵犯公民私人所有的财产，侵犯公民的人身权利、民主权利和其他权利，以及其他危害社会的行为，依照法律应当受刑罚处罚的，都是犯罪，但是情节显著轻微危害不大的，不认为是犯罪。

第二百三十二条　【故意杀人罪】故意杀人的，处死刑、无期徒刑或者十年以上有期徒刑；情节较轻的，处三年以上十年以下有期徒刑。

第二百三十三条　【过失致人死亡罪】过失致人死亡的，处三年以上七年以下有期徒刑；情节较轻的，处三年以下有期徒刑。本法另有规定的，依照规定。

第二百三十四条　【故意伤害罪】故意伤害他人身体的，处三年以下有期徒刑、拘役或者管制。

犯前款罪，致人重伤的，处三年以上十年以下有期徒刑；致人死亡或者以特别残忍手段致人重伤造成严重残疾的，处十年以上有期徒刑、无期徒刑或者死刑。本法另有规定的，依照规定。

第二百三十四条之一　【组织出卖人体器官罪】组织他人出卖人体器官的，处五年以下有期徒刑，并处罚金；情节严重的，处五年以上有期徒刑，并处罚金或者没收财产。

【故意伤害罪；故意杀人罪】未经本人同意摘取其器官，或者摘取不满十八周岁的人的器官，或者强迫、欺骗他人捐献器官的，依照本法第二百三十四条、第二百三十二条的规定定罪处罚。

【盗窃、侮辱、故意毁坏尸体、尸骨、骨灰罪】违背本人生前意愿摘取其尸体器官，或者本人生前未表示同意，违反国家规定，违背其近亲属意愿摘取其尸体器官的，依照本法第三百零二条的规定定罪处罚。

第二百三十五条　【过失致人重伤罪】过失伤害他人致人重伤

的，处三年以下有期徒刑或者拘役。本法另有规定的，依照规定。

第二百三十六条 【强奸罪】以暴力、胁迫或者其他手段强奸妇女的，处三年以上十年以下有期徒刑。

奸淫不满十四周岁的幼女的，以强奸论，从重处罚。

强奸妇女、奸淫幼女，有下列情形之一的，处十年以上有期徒刑、无期徒刑或者死刑：

（一）强奸妇女、奸淫幼女情节恶劣的；

（二）强奸妇女、奸淫幼女多人的；

（三）在公共场所当众强奸妇女、奸淫幼女的；

（四）二人以上轮奸的；

（五）奸淫不满十周岁的幼女或者造成幼女伤害的；

（六）致使被害人重伤、死亡或者造成其他严重后果的。

第二百三十六条之一 对已满十四周岁不满十六周岁的未成年女性负有监护、收养、看护、教育、医疗等特殊职责的人员，与该未成年女性发生性关系的，处三年以下有期徒刑；情节恶劣的，处三年以上十年以下有期徒刑。

有前款行为，同时又构成本法第二百三十六条规定之罪的，依照处罚较重的规定定罪处罚。

第二百三十七条 【强制猥亵、侮辱罪】以暴力、胁迫或者其他方法强制猥亵他人或者侮辱妇女的，处五年以下有期徒刑或者拘役。

聚众或者在公共场所当众犯前款罪的，或者有其他恶劣情节的，处五年以上有期徒刑。

【猥亵儿童罪】猥亵儿童的，处五年以下有期徒刑；有下列情形之一的，处五年以上有期徒刑：

（一）猥亵儿童多人或者多次的；

（二）聚众猥亵儿童的，或者在公共场所当众猥亵儿童，情节恶劣的；

（三）造成儿童伤害或者其他严重后果的；

（四）猥亵手段恶劣或者有其他恶劣情节的。

第二百三十八条 【非法拘禁罪】非法拘禁他人或者以其他方法非法剥夺他人人身自由的，处三年以下有期徒刑、拘役、管制或者剥夺政治权利。具有殴打、侮辱情节的，从重处罚。

犯前款罪，致人重伤的，处三年以上十年以下有期徒刑；致人死亡的，处十年以上有期徒刑。使用暴力致人伤残、死亡的，依照本法第二百三十四条、第二百三十二条的规定定罪处罚。

为索取债务非法扣押、拘禁他人的，依照前两款的规定处罚。

国家机关工作人员利用职权犯前三款罪的，依照前三款的规定从重处罚。

第二百四十五条 【非法搜查罪；非法侵入住宅罪】非法搜查他人身体、住宅，或者非法侵入他人住宅的，处三年以下有期徒刑或者拘役。

司法工作人员滥用职权，犯前款罪的，从重处罚。

第三百九十七条 【滥用职权罪、玩忽职守罪】国家机关工作人员滥用职权或者玩忽职守，致使公共财产、国家和人民利益遭受重大损失的，处三年以下有期徒刑或者拘役；情节特别严重的，处三年以上七年以下有期徒刑。本法另有规定的，依照规定。

国家机关工作人员徇私舞弊，犯前款罪的，处五年以下有期徒刑或者拘役；情节特别严重的，处五年以上十年以下有期徒刑。本法另有规定的，依照规定。

中华人民共和国民法典（节录）

（2020年5月28日第十三届全国人民代表大会第三次会议通过　2020年5月28日中华人民共和国主席令第45号公布　自2021年1月1日起施行）

第一百七十六条　【民事义务与责任】民事主体依照法律规定或者按照当事人约定，履行民事义务，承担民事责任。

中华人民共和国民事诉讼法（节录）

（1991年4月9日第七届全国人民代表大会第四次会议通过　根据2007年10月28日第十届全国人民代表大会常务委员会第三十次会议《关于修改〈中华人民共和国民事诉讼法〉的决定》第一次修正　根据2012年8月31日第十一届全国人民代表大会常务委员会第二十八次会议《关于修改〈中华人民共和国民事诉讼法〉的决定》第二次修正　根据2017年6月27日第十二届全国人民代表大会常务委员会第二十八次会议《关于修改〈中华人民共和国民事诉讼法〉和〈中华人民共和国行政诉讼法〉的决定》第三次修正　根据2021年12月24日第十三届全国人民代表大会常务委员会第三十二次会议《关于修改〈中华人民共和国民事诉讼法〉的决定》第四次修正）

第八十七条　【送达回证】送达诉讼文书必须有送达回证，由受送达人在送达回证上记明收到日期,签名或者盖章。

受送达人在送达回证上的签收日期为送达日期。

第八十八条 【直接送达】送达诉讼文书,应当直接送交受送达人。受送达人是公民的,本人不在交他的同住成年家属签收;受送达人是法人或者其他组织的,应当由法人的法定代表人、其他组织的主要负责人或者该法人、组织负责收件的人签收;受送达人有诉讼代理人的,可以送交其代理人签收;受送达人已向人民法院指定代收人的,送交代收人签收。

受送达人的同住成年家属,法人或者其他组织的负责收件的人,诉讼代理人或者代收人在送达回证上签收的日期为送达日期。

第八十九条 【留置送达】受送达人或者他的同住成年家属拒绝接收诉讼文书的,送达人可以邀请有关基层组织或者所在单位的代表到场,说明情况,在送达回证上记明拒收事由和日期,由送达人、见证人签名或者盖章,把诉讼文书留在受送达人的住所;也可以把诉讼文书留在受送达人的住所,并采用拍照、录像等方式记录送达过程,即视为送达。

第九十条 【简易送达】经受送达人同意,人民法院可以采用能够确认其收悉的电子方式送达诉讼文书。通过电子方式送达的判决书、裁定书、调解书,受送达人提出需要纸质文书的,人民法院应当提供。

采用前款方式送达的,以送达信息到达受送达人特定系统的日期为送达日期。

第九十一条 【委托送达、邮寄送达】直接送达诉讼文书有困难的,可以委托其他人民法院代为送达,或者邮寄送达。邮寄送达的,以回执上注明的收件日期为送达日期。

第九十二条 【转交送达之一】受送达人是军人的,通过其所在部队团以上单位的政治机关转交。

第九十三条　【转交送达之二】受送达人被监禁的,通过其所在监所转交。

受送达人被采取强制性教育措施的,通过其所在强制性教育机构转交。

第九十四条　【转交送达日期】代为转交的机关、单位收到诉讼文书后,必须立即交受送达人签收,以在送达回证上的签收日期,为送达日期。

第九十五条　【公告送达】受送达人下落不明,或者用本节规定的其他方式无法送达的,公告送达。自发出公告之日起,经过三十日,即视为送达。

公告送达,应当在案卷中记明原因和经过。

中华人民共和国未成年人保护法(节录)

(1991年9月4日第七届全国人民代表大会常务委员会第二十一次会议通过　2006年12月29日第十届全国人民代表大会常务委员会第二十五次会议第一次修订　根据2012年10月26日第十一届全国人民代表大会常务委员会第二十九次会议《关于修改〈中华人民共和国未成年人保护法〉的决定》修正　2020年10月17日第十三届全国人民代表大会常务委员会第二十二次会议第二次修订)

第一百一十三条　【违法犯罪未成年人的保护方针】对违法犯罪的未成年人,实行教育、感化、挽救的方针,坚持教育为主、惩罚为辅的原则。

对违法犯罪的未成年人依法处罚后，在升学、就业等方面不得歧视。

中华人民共和国国家赔偿法（节录）

（1994年5月12日第八届全国人民代表大会常务委员会第七次会议通过　根据2010年4月29日第十一届全国人民代表大会常务委员会第十四次会议《关于修改〈中华人民共和国国家赔偿法〉的决定》第一次修正　根据2012年10月26日第十一届全国人民代表大会常务委员会第二十九次会议《关于修改〈中华人民共和国国家赔偿法〉的决定》第二次修正）

第三条　【侵犯人身权的行政赔偿范围】行政机关及其工作人员在行使行政职权时有下列侵犯人身权情形之一的，受害人有取得赔偿的权利：

（一）违法拘留或者违法采取限制公民人身自由的行政强制措施的；

（二）非法拘禁或者以其他方法非法剥夺公民人身自由的；

（三）以殴打、虐待等行为或者唆使、放纵他人以殴打、虐待等行为造成公民身体伤害或者死亡的；

（四）违法使用武器、警械造成公民身体伤害或者死亡的；

（五）造成公民身体伤害或者死亡的其他违法行为。

第四条　【侵犯财产权的行政赔偿范围】行政机关及其工作人员在行使行政职权时有下列侵犯财产权情形之一的，受害人有取得赔偿的权利：

（一）违法实施罚款、吊销许可证和执照、责令停产停业、没收财物等行政处罚的；

（二）违法对财产采取查封、扣押、冻结等行政强制措施的；

（三）违法征收、征用财产的；

（四）造成财产损害的其他违法行为。

第五条 【行政侵权中的免责情形】属于下列情形之一的，国家不承担赔偿责任：

（一）行政机关工作人员与行使职权无关的个人行为；

（二）因公民、法人和其他组织自己的行为致使损害发生的；

（三）法律规定的其他情形。

最高人民法院关于审理
行政赔偿案件若干问题的规定

（2021年12月6日最高人民法院审判委员会第1855次会议通过 2022年3月20日公布 法释〔2022〕10号 自2022年5月1日起施行）

为保护公民、法人和其他组织的合法权益，监督行政机关依法履行行政赔偿义务，确保人民法院公正、及时审理行政赔偿案件，实质化解行政赔偿争议，根据《中华人民共和国行政诉讼法》（以下简称行政诉讼法）《中华人民共和国国家赔偿法》（以下简称国家赔偿法）等法律规定，结合行政审判工作实际，制定本规定。

一、受案范围

第一条 国家赔偿法第三条、第四条规定的"其他违法行为"

包括以下情形：

（一）不履行法定职责行为；

（二）行政机关及其工作人员在履行行政职责过程中作出的不产生法律效果，但事实上损害公民、法人或者其他组织人身权、财产权等合法权益的行为。

第二条 依据行政诉讼法第一条、第十二条第一款第十二项和国家赔偿法第二条规定，公民、法人或者其他组织认为行政机关及其工作人员违法行使行政职权对其劳动权、相邻权等合法权益造成人身、财产损害的，可以依法提起行政赔偿诉讼。

第三条 赔偿请求人不服赔偿义务机关下列行为的，可以依法提起行政赔偿诉讼：

（一）确定赔偿方式、项目、数额的行政赔偿决定；

（二）不予赔偿决定；

（三）逾期不作出赔偿决定；

（四）其他有关行政赔偿的行为。

第四条 法律规定由行政机关最终裁决的行政行为被确认违法后，赔偿请求人可以单独提起行政赔偿诉讼。

第五条 公民、法人或者其他组织认为国防、外交等国家行为或者行政机关制定发布行政法规、规章或者具有普遍约束力的决定、命令侵犯其合法权益造成损害，向人民法院提起行政赔偿诉讼的，不属于人民法院行政赔偿诉讼的受案范围。

二、诉讼当事人

第六条 公民、法人或者其他组织一并提起行政赔偿诉讼中的当事人地位，按照其在行政诉讼中的地位确定，行政诉讼与行政赔偿诉讼当事人不一致的除外。

第七条　受害的公民死亡，其继承人和其他有扶养关系的人可以提起行政赔偿诉讼，并提供该公民死亡证明、赔偿请求人与死亡公民之间的关系证明。

受害的公民死亡，支付受害公民医疗费、丧葬费等合理费用的人可以依法提起行政赔偿诉讼。

有权提起行政赔偿诉讼的法人或者其他组织分立、合并、终止，承受其权利的法人或者其他组织可以依法提起行政赔偿诉讼。

第八条　两个以上行政机关共同实施侵权行政行为造成损害的，共同侵权行政机关为共同被告。赔偿请求人坚持对其中一个或者几个侵权机关提起行政赔偿诉讼，以被起诉的机关为被告，未被起诉的机关追加为第三人。

第九条　原行政行为造成赔偿请求人损害，复议决定加重损害的，复议机关与原行政行为机关为共同被告。赔偿请求人坚持对作出原行政行为机关或者复议机关提起行政赔偿诉讼，以被起诉的机关为被告，未被起诉的机关追加为第三人。

第十条　行政机关依据行政诉讼法第九十七条的规定申请人民法院强制执行其行政行为，因据以强制执行的行政行为违法而发生行政赔偿诉讼的，申请强制执行的行政机关为被告。

三、证　　据

第十一条　行政赔偿诉讼中，原告应当对行政行为造成的损害提供证据；因被告的原因导致原告无法举证的，由被告承担举证责任。

人民法院对于原告主张的生产和生活所必需物品的合理损失，应当予以支持；对于原告提出的超出生产和生活所必需的其他贵重物品、现金损失，可以结合案件相关证据予以认定。

第十二条 原告主张其被限制人身自由期间受到身体伤害，被告否认相关损害事实或者损害与违法行政行为存在因果关系的，被告应当提供相应的证据证明。

四、起诉与受理

第十三条 行政行为未被确认为违法，公民、法人或者其他组织提起行政赔偿诉讼的，人民法院应当视为提起行政诉讼时一并提起行政赔偿诉讼。

行政行为已被确认为违法，并符合下列条件的，公民、法人或者其他组织可以单独提起行政赔偿诉讼：

（一）原告具有行政赔偿请求资格；

（二）有明确的被告；

（三）有具体的赔偿请求和受损害的事实根据；

（四）赔偿义务机关已先行处理或者超过法定期限不予处理；

（五）属于人民法院行政赔偿诉讼的受案范围和受诉人民法院管辖；

（六）在法律规定的起诉期限内提起诉讼。

第十四条 原告提起行政诉讼时未一并提起行政赔偿诉讼，人民法院审查认为可能存在行政赔偿的，应当告知原告可以一并提起行政赔偿诉讼。

原告在第一审庭审终结前提起行政赔偿诉讼，符合起诉条件的，人民法院应当依法受理；原告在第一审庭审终结后、宣判前提起行政赔偿诉讼的，是否准许由人民法院决定。

原告在第二审程序或者再审程序中提出行政赔偿请求的，人民法院可以组织各方调解；调解不成的，告知其另行起诉。

第十五条 公民、法人或者其他组织应当自知道或者应当知道行政行为侵犯其合法权益之日起两年内,向赔偿义务机关申请行政赔偿。赔偿义务机关在收到赔偿申请之日起两个月内未作出赔偿决定的,公民、法人或者其他组织可以依照行政诉讼法有关规定提起行政赔偿诉讼。

第十六条　公民、法人或者其他组织提起行政诉讼时一并请求行政赔偿的,适用行政诉讼法有关起诉期限的规定。

第十七条　公民、法人或者其他组织仅对行政复议决定中的行政赔偿部分有异议,自复议决定书送达之日起十五日内提起行政赔偿诉讼的,人民法院应当依法受理。

行政机关作出有赔偿内容的行政复议决定时,未告知公民、法人或者其他组织起诉期限的,起诉期限从公民、法人或者其他组织知道或者应当知道起诉期限之日起计算,但从知道或者应当知道行政复议决定内容之日起最长不得超过一年。

第十八条　行政行为被有权机关依照法定程序撤销、变更、确认违法或无效,或者实施行政行为的行政机关工作人员因该行为被生效法律文书或监察机关政务处分确认为渎职、滥用职权的,属于本规定所称的行政行为被确认为违法的情形。

第十九条　公民、法人或者其他组织一并提起行政赔偿诉讼,人民法院经审查认为行政诉讼不符合起诉条件的,对一并提起的行政赔偿诉讼,裁定不予立案;已经立案的,裁定驳回起诉。

第二十条　在涉及行政许可、登记、征收、征用和行政机关对民事争议所作的裁决的行政案件中,原告提起行政赔偿诉讼的同时,有关当事人申请一并解决相关民事争议的,人民法院可以一并审理。

五、审理和判决

第二十一条　两个以上行政机关共同实施违法行政行为,或者行政机关及其工作人员与第三人恶意串通作出的违法行政行为,造成公民、法人或者其他组织人身权、财产权等合法权益实际损害的,应当承担连带赔偿责任。

一方承担连带赔偿责任后,对于超出其应当承担部分,可以向其他连带责任人追偿。

第二十二条 两个以上行政机关分别实施违法行政行为造成同一损害,每个行政机关的违法行为都足以造成全部损害的,各个行政机关承担连带赔偿责任。

两个以上行政机关分别实施违法行政行为造成同一损害的,人民法院应当根据其违法行政行为在损害发生和结果中的作用大小,确定各自承担相应的行政赔偿责任;难以确定责任大小的,平均承担责任。

第二十三条 由于第三人提供虚假材料,导致行政机关作出的行政行为违法,造成公民、法人或者其他组织损害的,人民法院应当根据违法行政行为在损害发生和结果中的作用大小,确定行政机关承担相应的行政赔偿责任;行政机关已经尽到审慎审查义务的,不承担行政赔偿责任。

第二十四条 由于第三人行为造成公民、法人或者其他组织损害的,应当由第三人依法承担侵权赔偿责任;第三人赔偿不足、无力承担赔偿责任或者下落不明,行政机关又未尽保护、监管、救助等法定义务的,人民法院应当根据行政机关未尽法定义务在损害发生和结果中的作用大小,确定其承担相应的行政赔偿责任。

第二十五条 由于不可抗力等客观原因造成公民、法人或者其他组织损害,行政机关不依法履行、拖延履行法定义务导致未能及时止损或者损害扩大的,人民法院应当根据行政机关不依法履行、拖延履行法定义务行为在损害发生和结果中的作用大小,确定其承担相应的行政赔偿责任。

第二十六条 有下列情形之一的,属于国家赔偿法第三十五条规定的"造成严重后果":

(一)受害人被非法限制人身自由超过六个月;

(二)受害人经鉴定为轻伤以上或者残疾;

(三)受害人经诊断、鉴定为精神障碍或者精神残疾,且与违法行政行为存在关联;

(四)受害人名誉、荣誉、家庭、职业、教育等方面遭受严重损害,且与违法行政行为存在关联。

有下列情形之一的,可以认定为后果特别严重:

(一)受害人被限制人身自由十年以上;

(二)受害人死亡;

(三)受害人经鉴定为重伤或者残疾一至四级,且生活不能自理;

(四)受害人经诊断、鉴定为严重精神障碍或者精神残疾一至二级,生活不能自理,且与违法行政行为存在关联。

第二十七条 违法行政行为造成公民、法人或者其他组织财产损害,不能返还财产或者恢复原状的,按照损害发生时该财产的市场价格计算损失。市场价格无法确定,或者该价格不足以弥补公民、法人或者其他组织损失的,可以采用其他合理方式计算。

违法征收征用土地、房屋,人民法院判决给予被征收人的行政赔偿,不得少于被征收人依法应当获得的安置补偿权益。

第二十八条 下列损失属于国家赔偿法第三十六条第六项规定的"停产停业期间必要的经常性费用开支":

(一)必要留守职工的工资;

(二)必须缴纳的税款、社会保险费;

（三）应当缴纳的水电费、保管费、仓储费、承包费；

（四）合理的房屋场地租金、设备租金、设备折旧费；

（五）维系停产停业期间运营所需的其他基本开支。

第二十九条 下列损失属于国家赔偿法第三十六条第八项规定的"直接损失"：

（一）存款利息、贷款利息、现金利息；

（二）机动车停运期间的营运损失；

（三）通过行政补偿程序依法应当获得的奖励、补贴等；

（四）对财产造成的其他实际损失。

第三十条 被告有国家赔偿法第三条规定情形之一，致人精神损害的，人民法院应当判决其在违法行政行为影响的范围内，为受害人消除影响、恢复名誉、赔礼道歉；消除影响、恢复名誉和赔礼道歉的履行方式，可以双方协商，协商不成的，人民法院应当责令被告以适当的方式履行。造成严重后果的，应当判决支付相应的精神损害抚慰金。

第三十一条 人民法院经过审理认为被告对公民、法人或者其他组织造成财产损害的，判决被告限期返还财产、恢复原状；无法返还财产、恢复原状的，判决被告限期支付赔偿金和相应的利息损失。

人民法院审理行政赔偿案件，可以对行政机关赔偿的方式、项目、标准等予以明确，赔偿内容确定的，应当作出具有赔偿金额等给付内容的判决；行政赔偿决定对赔偿数额的确定确有错误的，人民法院判决予以变更。

第三十二条 有下列情形之一的，人民法院判决驳回原告的行政赔偿请求：

（一）原告主张的损害没有事实根据的；

（二）原告主张的损害与违法行政行为没有因果关系的；

（三）原告的损失已经通过行政补偿等其他途径获得充分救济的；

（四）原告请求行政赔偿的理由不能成立的其他情形。

六、其　　他

第三十三条　本规定自 2022 年 5 月 1 日起施行。《最高人民法院关于审理行政赔偿案件若干问题的规定》（法发〔1997〕10 号）同时废止。

本规定实施前本院发布的司法解释与本规定不一致的，以本规定为准。